文明简史

[美] 亨德里克·威廉·房龙◎著 锦龙◎译

华文出版社
SINO-CULTURE PRESS

图书在版编目（CIP）数据

文明简史 /(美) 亨德里克·威廉·房龙著；锦龙译. -- 北京：华文出版社，2019.9
　　ISBN 978-7-5075-5162-4
　　Ⅰ.①文… Ⅱ.①亨… ②锦… Ⅲ.①世界史—文化史—通俗读物 Ⅳ.①K103-49
中国版本图书馆CIP数据核字（2019）第157509号

文明简史
WENMING JIANSHI

著　　者：	[美] 亨德里克·威廉·房龙
译　　者：	锦龙
责任编辑：	张　轶
出版发行：	华文出版社
社　　址：	北京市西城区广安门外大街305号8区2号楼
邮政编码：	100055
网　　址：	http://www.hwcbs.com.cn
电　　话：	总编室 010-58336239　　发行部 010-58336267
	责任编辑 010-58336195
经　　销：	新华书店
印　　刷：	固安县保利达印务有限公司
开　　本：	710×960　1/16
印　　张：	13
字　　数：	198千字
版　　次：	2019年9月第1版
印　　次：	2019年9月第1次印刷
书　　号：	ISBN 978-7-5075-5162-4
定　　价：	39.80元

版权所有　侵权必究

前言

Preface

在宇宙长河中,人类历史也许只是短暂的一瞬但所创造的文明足以满足人类存在的自豪感。

《文明简史》一书主要包含了房龙的两部历史作品集即《文明的开端》和《发明的故事》。

《文明的开端》主要介绍了包括史前人类、世界变冷、石器时代的结束、人类最早的学校、人世与死界、国家的建立、埃及的兴衰、美索不达米亚、苏美尔人的楔形文字、亚述和巴比伦、摩西的故事以及与古人类有关的一些年代等内容,讲述了人类文明初期最具代表性的事件、国家,起于史前文明,以一个野人的生存基本需要为基点设身处地地描述了由蒙昧步入理性的社会发展史,止于古罗马帝国灭亡之前的中世纪,世界文明的发端在房龙特有的散文性语言中娓娓道来。

《发明的故事》通过论述人类几个感官系统的增强和沿革过程,揭示了人类几千年来的创造力和关注自身的程度。在房龙看来,一根绳子、一座桥、一把剪刀等,这些普通得不能再普通的东西,却是很不容易被发明的,但就是这些发明极大地延伸了人类的手、脚、嘴、眼、耳等身体器官,让人们认识到自身具备的潜力,并在文化史中加以细致的体会。

《文明简史》一书,不仅仅是人类文明的发展史,更是人类的开创奋斗史,描述人类如何从蛮荒到最初的文明以及现在的高级文明,是从愚昧到科学的生动阐释。

目录
Contents

文明的开端

房龙写给读者的话 / 002

第一章　史前人类 / 003

第二章　世界变冷了 / 006

第三章　石器时代的结束 / 010

第四章　人类最早的学校 / 016

第五章　石钥匙 / 018

第六章　人世与死界 / 026

第七章　国家的建立 / 033

第八章　埃及的兴衰 / 041

第九章　美索不达米亚——河谷中的国家 / 045

第十章　苏美尔人的楔形文字 / 048

第十一章　亚述和巴比伦——伟大的闪语族熔炉 / 054

第十二章　这是摩西的故事 / 061

第十三章　耶路撒冷——法律之城 / 066

第十四章　大马士革——贸易之城 / 070

第十五章　航海越过地平线的腓尼基人 / 072

第十六章　字母伴随贸易 / 075

第十七章　古代世界的终结 / 078

第十八章　与古代人类有关的一些年代 / 081

发明的故事

房龙写给读者的话 / 086

第一章　人——发明者 / 091

第二章　从兽皮到摩天大楼 / 100

第三章　驯服的手 / 116

第四章　从脚到飞行器 / 146

第五章　千变万化的嘴 / 162

第六章　鼻子 / 187

第七章　耳朵 / 188

第八章　眼睛 / 190

文明简史

文明的开端

房龙写给读者的话

在宇宙长河中，人类历史也许只是短暂的一瞬，但所创造的文明足以满足人类存在的自豪感。其中，文明的开端对于整个人类文明史有着重要意义。

本书介绍了包括史前人类、世界变冷、石器时代的结束、人类最早的学校、人世与死界、国家的建立、埃及的兴衰、美索不达米亚、苏美尔人的楔形文字、亚述和巴比伦、摩西的故事以及与古人类有关的一些年代等内容，讲述了人类文明初期最具有代表性事件和国家，起于史前文明，以一个野人的生存基本需要为基点设身处地地描述了由蒙昧步入理性的社会发展史，止于古罗马帝国灭亡之前的中世纪，世界文明的发端在房龙特有的散文性语言中娓娓道来。

亨德里克·威廉·房龙
1923年5月8日
于马里兰州巴尔的摩市太阳旅馆

第一章
史前人类

当年哥伦布历时四个多星期,才从西班牙航行到西印度群岛,现在我们乘飞机穿越大西洋,仅仅需要16个小时。

500年前,至少需要三四年时间,才能完成一本书的手抄工作。如今,人们用上了整行铸排机和轮转印刷机,一本新书的印刷在几天内就能完成。

今天,我们掌握了大量关于人体解剖学、化学以及矿物学的知识,甚至对上千门迥然不同的分支学科都颇为熟悉,而过去人们连这些学科的名字都没有听过。

但是,从另一个侧面讲,我们又像最原始的人类一样无知——我们不知道自己从哪儿来,也不知道人类是从什么时候、出于什么原因,又是怎样开始在这个地球上生活的。对于这一点,尽管已经有无数的事实可供参考,我们还是不妨像讲童话一样来开始叙述吧:

"很久很久以前,有一个人……"

他生活在几万万年之前。

他长得什么样?

我们不得而知。我们从来没有看过他的照片。在古老的地下,人们长年累月地挖掘,终于有机会看到被深深掩埋的遗骨残骸。这些残骸和大量的动物骨头一起,已经从地面上消失好几个世纪了。我们收捡起这些遗骸,修复出一个怪物,然后发现,那竟然是我们祖先的模样。

人类的远古祖先是一种极其丑陋、毫无迷人之处的哺乳类动物。他身材矮小，常年经受寒风侵袭或日光暴晒。因此，他的皮肤呈深棕色，头和身体的大部分，被长长的毛发覆盖着，手指细长有力，手形与猴子非常相似，前额低狭，下巴坚硬，如野生动物一般，牙齿像刀叉一样锋利。

他从不穿衣服，也从未见过火。火山喷发之时，那升腾的烈焰带出滚滚的浓烟和滚烫流动的火山熔岩，充斥在天地间，瞬间映入他的眼帘。

史前人类

他栖息在潮湿阴暗、广阔无边的大森林里。

当他饥饿难耐时，会以树叶和植物的茎根为食，时而也会从鸟窝里偷来鸟蛋充饥，尽管那样做会激怒小鸟。

有时候，一番持续耐心的追逐，能够让他得到一只麻雀、小狗，或者是一只野兔。他会将这些动物生吞活剥，咽下肚去，因为史前的人类根本不知道食物可以变熟。

他的牙齿很大，看上去像现在许多动物的牙齿。

原始人为了自己、女人还有孩子们的生计，会在白天四处觅食。

到了晚上，由于正在觅食的猛兽发出阵阵吼声实在可怕，他就悄悄躲进一个空心树洞里，或者隐蔽在几块长满青苔、结着大蜘蛛网的巨石背后。

夏天，他赤身裸体，头顶烈日。

冬天，寒风刺骨，他被冻得浑身战栗。

当他遭受伤痛（捕猎动物时可能折断腿骨，扭伤足踝）时，身边没有人照料。

遇到险情时，他会发出特殊的叫声，警告同伴不要靠近，远离危险。每到这个时候，他就像是一条受了陌生人打扰而狂吠的狗，而其他很多时候，他却远不如一只调教好的宠物那般可爱。

总之，早期的人类处境很悲惨。他生活的世界里充满了恐惧和饥饿，他还要忍受成千上万个敌人的围困，他的亲属和朋友随时会被恶狼、狗熊以及可怕的剑齿虎撕得粉碎，那一幅幅血淋淋的恐怖景象总是呈现在他的眼前。

关于他更早的历史，我们一无所知。他没有任何工具，也不会建造房屋。他生老病死，听天由命，甚至不留一点儿存在过的痕迹。我们只是根据他的遗骨残骸推测，他生活的时代大约是在20万年以前。

剩下的，就是一片空白了。

直到我们追溯到著名的石器时代，才发现了我们现在称之为文明的最初萌芽。

关于石器时代，随后我会详细描述。

第二章
世界变冷了

气候发生了异常变化。

早期的人类都不知道"时间"是什么。

他从不记录生日、"结婚"纪念日或死亡的日期,他的头脑里也没有日、星期以及年月的概念。

当清晨太阳升起的时候,他从不说"新的一天开始了",而是说"天亮了"。他在晨光中外出,为家人寻觅食物。

夜幕降临时,他才回到女人和孩子们身边,把白天的收获(一些浆果和几只小鸟)拿给大家分享。他用生肉填饱自己的肚子,然后倒头便睡。

他能够恍恍惚惚地觉察到季节的变化。长期的生活经验告诉他,严冬过后便是温暖的春天。当炎热的夏季来临时,果实成熟,玉米棒便可以采摘进食。夏季结束,便会有秋风骤起,横扫落叶满地。此后,许多动物开始缩进洞穴,准备漫长的冬眠。

长此以往,一成不变。早期的人类欣然接受着这些实用的冷暖变化,却从不对此追根溯源。他还活着,这就足够了。

可是后来,情况突然发生了变化,这让他忧心忡忡。

温暖的春天姗姗来迟。原本应该青草碧绿的山峦依然覆盖着一层厚厚的白雪。一天早晨,从高高的山峰上下来很多野人,他们和山谷里的居民明显不一样。

他们身体瘦弱,面露饥色,似乎是寒冷和饥饿迫使他们离开了自己原来的家园。没有人能听得懂他们发出的声音。

山谷里的食物不多，原来的居民和新来的野人都想占为己有。当他们想要多停留几天时，一场残酷的争斗不可避免地发生了。大批大批的人在争斗中惨死，幸免于难的人逃进森林，从此再没露面。

很长一段时间过去了，再也没有发生什么值得被提起的事情。

只是，白天变得越来越短，黑夜变得越来越冷。

终于，在两座山峰中的间隔地带，出现了一小块泛着绿色的薄薄的冰块。随着时间的推移，它不断变大变厚。于是，一座巨型冰川开始缓缓地顺着山坡滑落下来。大块的石头夹带着被推进了山谷。很快，伴随着雷鸣般的轰隆声，巨大的石块纷纷坍塌，猛然间重重地砸落在惊慌失措的人群中，甚至有好多人在睡梦中丢掉了性命。上百年的老树也不幸被高高的冰墙拦腰撞断，劈成碎片，高大坚固的冰川对人和猛兽一样毫不留情。

后来，便开始下雪。

大雪纷纷扬扬地下个不停。

所有的植物都失去了生命力。动物也纷纷逃往南方，去那里追逐温暖的阳光。山谷里此时已无人居住。人们把孩子驮在背上，带上几块过去被当作武器的石头，向前摸索着，寻找新的家园。

地球为什么在这个特殊的时候突然变冷，人们不得而知。我们甚至无从推测这其中的缘由。

然而，气温逐渐变低，却给人类的生活带来了意想不到的改变。

曾经有一段时间，每个人看起来都好像快要死去。可是事实证明，这段痛苦的经历却成了人类真正的福音。因为在这场痛苦中死去的都是弱者，而那些幸存者被迫开始磨砺他们的智慧变得更强悍。否则，就只有死路一条。

要么想尽办法生存下来，要么甘愿走

冰河时代

洞穴人

向灭亡。面对这样的残酷抉择,当初能想到将石块磨成短斧的大脑,现在却要思考如何解决前人从未遇到过的难题了。

首先是穿衣问题。天气太冷了,不找到一种能有效遮蔽身体的东西便很难外出做事。那些生活在北方的狗熊、野牛和其他动物身上都有一层厚厚的毛,能够很好地抵御严寒,而人类没有这样的外层保护,他的皮肤非常细嫩,因此吃尽了苦头。

解决这一难题的方法其实很简单:在地上挖一个深坑,在上面盖些树枝树叶以及一点儿草。狗熊走过来,有时恰好会踩空落进坑里。等到它缺乏食物,最终体虚气弱时,在一旁耐心守候的人,便可以举起大石块狠狠地砸下,将它杀死。然后,用一片锋利的燧石剥下它的皮,拿到太阳光线较弱的地方风干,披在自己的肩上保暖。这样,人就能像狗熊一样,在温暖的保护下享受舒适和幸福的感觉。

接下来要解决的是居住问题。许多动物习惯在黑洞里睡觉。人于是学着它们的样子,到处寻找可以栖身的地方,直到发现一个空空的岩洞。人必须和蝙蝠以及千奇百怪的爬虫一起分享这个洞穴,但他并不介意。他的新家让身体暖和起来,这就足够了。

等到暴风雨来临时,大树往往会被雷电击中。有时,整座森林还会燃烧成一片火海。人们目睹了这些森林大火,但靠得太近时,大火的灼热又逼得他不得不转身离去。此时,他知道了一个道理:火能给人带来温暖。

而在此之前,火一直是人类的敌人。

现在,它反而成了人类的朋友。

此后,人们把许多枯死的树木拖进洞穴,再用一根从正在燃烧的森林里取来的树枝将它们点燃，洞穴里立刻便被一种不同寻常却令人愉快的温暖氛围所笼罩。

读到这里你兴许会大笑，这一切看起来太简单了。是的，这些事情之所以对我们来说异常简单，是因为很久以前，就有不少聪明人想到这么做了。但是，与用电带来光明的第一所房子相比，因为一根经年的原木燃烧而变得舒适的第一个洞穴却更令人欣喜，也更引人注目。

当一个聪明人有一天突发奇想，把生肉扔进灰烬里，等到烧热后送到嘴里的时候，他便为人类的知识注入了新的活力，这让洞穴人感到文明的巅峰就在眼前。

就像今天，每当一项了不起的新发明问世时，我们都倍感骄傲。

"人类的大脑还能取得比这更伟大的成就吗？"我们会问。

我们会心地微笑，因为我们生活在一个有史以来最功勋卓著的时代，从未有人像今天的工程师和化学家们这样创造出如此杰出的成就。

四万年前，当世界还处于生死边缘的时候，有一个衣不遮体、蓬头垢面的洞穴人，用他那棕褐色的手指和洁白的牙齿撕咬着一只垂死的小鸡，并把鸡毛和骨头吐在他和家人当床睡的地面上。那时，他应该也像当初刚知道火可以把生肉烤成美味佳肴时那样骄傲而惬意吧。

"多美的日子啊！"他心满意足地躺在那些已经腐烂的动物骨头中间，情不自禁地感叹。那些骨头曾经是他啃剩扔掉的晚餐。虽然有身体几乎像小狗一样大的蝙蝠不停地在洞穴中来回翻飞，还有体格几乎像猫一样大的耗子不断地在那些残羹剩饭中上蹿下跳，他仍然会梦想自己更加完美的生活。

他们的洞穴经常会因为周围岩石的压力而坍塌毁坏。这时，人们就会被压倒在他吃剩的那些动物的累累白骨之中。

数万年之后，考古学家带着他们的小铁铲和手推车来了。

他们卖力地挖啊挖，最终发现了这个年代久远的悲剧。他们的发现让我终于能够描述当初所发生过的这一切。

第三章
石器时代的结束

在寒冷时期谋求生存的斗争格外艰苦。从人们现在已经发现的骸骨来看，许多人种和动物都是在那时从地球表面消失的。

饥饿、寒冷和物质贫乏，让整个部落和氏族很快毁灭。孩子们最先死去，然后便是他们的父母。随后，野兽匆匆赶来占据这些没有丝毫防御能力的洞穴，老人们最后只好任由它们摆布。直到气候再次发生变化或空气湿度逐渐下降，这些野蛮的入侵者再也无法在洞穴里生存下去的时候，它们才退缩到非洲丛林深处，从此一直生活在那里。

我要说的这个历史时期极其不易表达，因为必须描述的这些变迁是一个异常缓慢并逐步演化的过程。

大自然永远从容不迫。她好似有用不完的时间来完成她的工作，因此总是能耐心细致地带来精妙入微的变化。

当冰川深深地下沉到山谷中，覆盖了大部分欧洲大陆时，史前人类至少已经历了四个不同的时期。

最后一个时期在大约三万年前走到了尽头。

从那时起，人类所使用的工具、武器以及刻下的图画都为自己的生存留下了不可磨灭的证据。我们一般认为，等到最后一个严寒过去，历史便真正开始了。

无休止的生存斗争教会了幸存者不少本领。

他们当时用石器和木器，就像我们今天使用钢制产品一样普遍。

发现史前人类

后来，粗糙的削切石斧逐渐被一种光滑的燧石斧所取代，它更加方便实用，因此可以让人类向那些有史以来一直任意摆布他们的动物发起攻击。

猛犸象不见了踪影。

麝牛逃到了北极圈。

老虎远离了欧洲。

洞熊再也无法吞食婴儿。

所有动物中原本最弱小无助的人类，用他那强健聪慧的大脑制造出了如此具有威力的燧石器具，从此，他便成了其他动物的主宰。

人类在征服自然的过程中赢得了第一次大胜利之后，其他的胜利便接踵而至。

洞穴人带着狩猎和捕鱼的全部工具，开始寻找新的居住地。

河岸和湖畔是定居生活的最佳选择。

于是，人类遗弃了旧洞穴，向水边迁徙。

既然人们已经会使用沉甸甸的斧头，那么，把树木放倒就不再是什么难题了。

小鸟生生世世都住在树丛中，用枝叶和干草筑造了舒适的巢穴。

人开始效仿鸟的做法。

他为自己筑了一个巢，把它称作"家"。

除了亚洲的某些地区，人们都没有把家建在树上，因为这对他们来说又小又不稳当。

他砍倒许多圆木，把它们运到浅水里，然后牢固地夯进松软的湖底。之后在原木上搭起一个木头平台，在平台上建起第一座木屋。

和过去的洞穴相比，木屋有很多好处。

野兽难以破门而入，袭击者也无法闯进来，而湖泊本身又是一个取之不尽的大储藏室，里面有着用之不竭的新鲜鱼虾。

这些建在木头上的房子也更有益于健康，孩子们因此而长得身强体壮。慢慢地，人口稳步增长，人类便开始考虑占据更加广袤的旷野。

后来，新发明不断出现，人们的生活也越来越舒适，危险性大大减少。

然而，那些创新通常并不是因为人类的头脑有多么聪明。

他只不过是模仿了动物的行为而已。

你一定知道，有许多动物会为漫长的冬季储备夏季盛产的坚果、橡子以及其他食物。只要想想花园或公园里的松鼠就不难理解，它们总是在为寒冬和早春忙忙碌碌地埋藏食物。

可是，早期的人类在很多方面都不如松鼠聪明，他并不知道该怎样提前为自己的将来保存食物。

他不停地吃东西，直到不觉得饿为止，同时，他任凭暂时不需要的东西不断腐烂变质。因此，在寒冷的季节里，他常常没有东西吃，孩子们也因饥饿而夭折。

这种情况一直持续到他仿效了动物的做法之后才稍有改观。当庄稼丰收、谷物富足的时候，他便储备起足够的粮食，以备将来之用。

我们不知道是哪个天才突然发现了陶器的用途，真该为他（她）塑一尊雕像。

那很可能是一个女人，在她对厨房里无休止的劳作感到厌倦，希望家务活儿能变得稍微容易一些的时候，偶然注意到黏土块一经太阳光暴晒就会变得坚硬起来。

一块平整的黏土能晒成一块砖，那么，一块略呈弧形的黏土也一定能产生类似的效果。

瞧，砖头就这样变成了陶器，人类竟然能够用它来为明天储存食物了。

如果你觉得我对这项发明的赞赏有些夸张，那就请你看看自己的餐桌吧，看那各式各样的陶器在你的生活中究竟有多大的作用——

你的麦片粥被盛在碟子里。

奶油被装在罐子里。

鸡蛋被放在盘子上，再从厨房端到餐厅桌上。

你喝的牛奶是盛在瓷杯里的。

然后咱们再到储藏室里去看看（如果你家没有储藏室，就去附近的食品店）。你会发现我们明天、下周甚至明年准备吃的东西也都被存放在坛坛罐罐以及各种人造容器里。这不是大自然提供给我们的，而是人类被迫发明并完善的。从此，我们全年的食物储存便有了保障。

我们常用的煤气罐也不过是一只铁制的大罐子，因为它不像陶器那样容易破碎，也不像黏土那样容易渗水。桶、瓶、罐、锅莫不如此，它们的用途全都一样——为我们储存当下正好充裕的东西，以备将来之用。

因为能够把将来要吃的东西保存起来，人们开始种植蔬菜和谷物，然后把剩余的储存起来，以便留到必要时取出食用。

因此我们可以发现，石器时代晚期，最早的麦田和花园基本上都环绕在当时湖上居民的住所四周。

同理，人类才会放弃漂泊漫游的习惯，选择一个地方定居下来。之后生儿育女，直到老死，然后体面地被安葬于同族人中间。

可以说，如果我们这些最早的祖先没有受外来影响而自行安排命运的话，他们肯定早已经开始了文明的生活方式。

但是，他们与世隔绝的状况突然间戛然而止。

人们发现了史前人类的存在。

不知来自南部哪个地方的一位旅行者，勇敢地渡过波涛汹涌的大海，翻越陡峭险恶的群山，来到了欧洲中部的一片野人聚居区。

他的肩上背着一只重重的行囊。

当他把身上所带的物品展示在那些好奇且困惑的土著居民面前时，他们一下子便目瞪口呆了。那惊讶的眼神表明，眼前的这些东西是他们做梦都不曾想到的奇迹。

他们看到了用青铜打制的锤子和斧头，铁制工具和紫铜头盔，还有一种用五颜六色的古怪东西串起来的漂亮饰物，外来人叫它"玻璃"。

石器时代就这样在一夜之间走到了尽头。

而后，它被一种新的文明所取代。这种文明在数世纪之前就已经摒弃了石器木具，这为持续至今的"金属时代"奠定了基础。

这种新的文明正是我在这本书中要讲述的重点之一。现在，如果你们不介意，我们就先把欧洲北部大陆搁置几千年，到埃及和西亚去看一看吧。

"可是，"你可能会争辩，"这不公平。你答应给我们讲史前人类的故事。可是就在故事刚刚开始有点儿意思的时候，你却中止了这一章，跳到了世界的另一部分；而且你还不管我们愿不愿意，都得跟你一起跳过去。"

的确，我知道这么做有些不合适。

遗憾的是，历史与数学是完全不同的。

当你做一道算术题时，你从 a 到 b，从 b 到 c，再从 c 到 d，依次类推。

历史却恰恰相反，它会从 a 跳到 z，然后回到 f，接着又走到 m，没有任何明确的条理和次序。

因此，我这么做是有充足理由的。

历史并不能完全等同于科学。

历史讲述人的故事。对大部分人来说，不管我们如何努力去改变他们的天性，他们的行动都无法像乘法口诀那样精准而合乎规则。

没有两个人能做出两件完全相同的事来。

没有两个人的大脑能得出完全一致的结论。

长大以后，你自己都会在无意中注意到这一点。

这一点，几万年前也没有什么不同。

正如我刚才说的，史前人类正在希望的道路上大步前进。

他已经从冰雪的围困和野兽的袭击中幸存下来，这本身就意义非凡。

他还发明了许多有用的东西。

可是，突然间，这个世界其他地区的人们却闯入了这场竞赛。

他们以飞快的速度向前推进，在极短的时间内便达到了地球上从未有过的文明顶峰。随后，他们开始把所掌握的知识技能传授给那些没有他们聪明的人。

既然我已经向你们解释清楚了这一点，那么，在这本书里给埃及人和西亚人留出几章篇幅，这难道不是情理之中的事吗？

第四章
人类最早的学校

我们的时代很注重实效。

我们经常开着自己的小机动车从一个地方到另一个地方去,这个小机动车被我们叫作汽车。

当我们想和百里之外在伯明翰的朋友交谈时,我们只需拨通一个电话号码,对着一个橡皮筒喊一声"喂"。

夜晚来临,当房间变暗的时候,我们只要按下按钮,就出现了光明。

如果我们觉得冷,就按下另一个按钮,电炉里温暖而舒适的热量会瞬间溢满我们的书房。

当夏季来临,天气酷热难熬时,电流同样会带来阵阵凉爽的人造风(一台摇动的电扇),我们顿时会觉得舒适惬意。

我们俨然是大自然所有力量的主宰者,驱使它们为我们效力,它们仿佛是我们乖顺的奴隶。

但是,当我们为自己这些辉煌的成就而沾沾自喜时,千万别忘记这样一个事实:

我们用来建造现代文明大厦的智慧是古代人历尽千辛万苦才形成的。

在以后的章节里,你在每一页都会遇到不少奇怪的名字,希望你不要望而生畏。

如今,古巴比伦人、埃及人、迦勒底人和苏美尔人都已经成为历史了,但他们依然继续影响着我们生活的各个方面。在我们书写的字母里、使用的语言中、建造桥梁或摩天大楼之前必须解决的那些复杂的数学难题里,他们的影响无处不在。

只要我们的星球还在这个广阔浩瀚的天宇中继续运行,我们就理应向他们表示感激和崇敬。

我现在要讲给你听的这些古代人类生活在三个确定的地域。

其中两个是在大河的两岸。

第三个位于地中海边。

其中,人类文明最古老的中心位于尼罗河流域,在一个我们称为埃及的国度里。

第二个中心位于亚洲西部两条大河之间那片富庶的平原上,古人称它为美索不达米亚平原。

同时,在地中海沿岸,你会发现第三个文明中心。这里居住着世界上最早的殖民者——腓尼基人,还有为全世界带来道德律令[1]的犹太人。

这第三个文明中心以它的古巴比伦名字——"苏里"而闻名,现在我们称它"叙利亚"。

生活在这三个地区的居民,其历史已经延续了五千多年。

我不能给你们说得太详细。

不过,我会尽可能地把他们的经历讲得像编织布匹那样纹理清晰,就像山鲁佐德口中的《一千零一夜》故事里那些神奇的魔毯一样。

---

[1] 指犹太人创立的基督教。——译者注

第五章
石钥匙

公元前50年，罗马人征服了地中海东岸地区。在这片新占领的疆域上，有一个叫埃及的国家。

而在人类历史上将要扮演重要角色的罗马人，是个极其讲求实际的民族。

他们建造桥梁，修筑公路，依靠数量虽少却训练有素的军人和官员，统治了欧洲、东非和西亚的大部分地区。

至于艺术和科学，他们的兴趣不大。对于能弹奏鲁特琴或者能写春天赞美诗的人，他们更是持不屑的态度，觉得这些人不过是比那些能走钢丝或训练卷毛狗后腿直立的机灵家伙稍微聪明一点儿而已。他们把这种事情留给他们所鄙视的希腊人和东方人去做，自己则昼夜不停地忙着维护辽阔帝国内各个民族之间的统治秩序。

当他们首次踏上埃及的国土时，那个国家已经存在很久了。

事实上，埃及人的历史超过了6500年。

埃及的国王早已经将辽阔疆域的统治权握在了自己手里，并让他的王宫成了各种文明的中心。这之后很久，罗马人才产生了在台伯河畔的低洼地带修建城市的想法。

当埃及人已经著书立说，做精细的医疗手术，并开始教自己的孩子念乘法口诀的时候，罗马人还在手持笨拙的石斧追逐野狼和狗熊。

埃及人的巨大进步主要归功于他们的一项非常伟大的发明，这是一门为了子孙后代保存语言和思想的艺术——文字。

今天，对文字如此熟悉的我们，根本无法理解古人没有书本、报纸和杂志，怎么能够生活下去。

但他们还是生存下来了。只是，没有文字成为他们在地球上生活的前一百万年间进步极其缓慢的主要原因。

他们当时就像猫和狗一样，只会教小孩子一些简单的事情（冲着陌生人叫喊、爬上高树，如此等等）。正是因为不会书写，他们根本无法利用先辈积累下来的生活经验。

这听起来有些可笑，不是吗？

为什么对这么简单的问题还要小题大做呢？

但是，当你写信的时候，是否会停下来想想这个问题？

假如你在山间旅行时，突然看见了一只鹿。

你很想把这事告诉远在城里的爸爸。

你要怎么做呢？

你会在一张纸上写下许多点点划划，然后在信封上添加许多点点划划，最后把你写好的信贴上邮票，投进信筒。

你这是在干什么呢？

你是把要说的话转换成了点点划划的书面表达。

但是，你怎么知道你的笔画可以让邮递员和你的爸爸翻译成可以让他们理解的口头语言呢？

你当然确信，因为已经有人教会了你应该如何正确书写才能代表说话的声音。

拿几个字母举例看一下这个游戏是如何进行的。

我们发出一声喉音，写下字母G。

我们让气流通过紧闭的牙齿，然后写下字母S。

我们把嘴张大，像蒸汽机一样发出浊音，这个音可以写作H。

人类用了数万年才发现以上这些规律，这要归功于埃及人。

当然，他们所使用的字母和今天印刷书籍用的并不一样。

他们有自己的一套系统。这套系统比我们的字要漂亮得多，但并不简单，它由小图形和画像组成。

这些图形和画像是对房屋和农场那些东西的描摹，比如刀子、犁、飞鸟、坛罐以及锅，等等。他们的图形雕刻家把这些小图形刻写或涂画在庙宇墙壁上、死去的国王的棺材上以及"纸草"干枯的草叶上——"纸"的名字便由此而来。

但是，当罗马人随后进入到这个广阔庞大的图书馆时，他们却对此既不热情，也不感兴趣。

他们拥有自己的书写系统，这让他们自觉卓越非凡。

他们并不知道希腊人（他们的字母表是从希腊人那里学来的）的字母表是从腓尼基人那里学来的，而腓尼基人也是成功地借用了古埃及人的成果。罗马人对此既不知晓，也不想了解，他们的学校只教罗马字母。他们相信，对罗马孩子好的东西对其他人无疑也都是好的。

你们明白，由于罗马统治者的冷淡与反对，埃及人的语言并没有长久地保留下来，而是被遗忘了。它的消亡就如同大多数美洲印第安人部落一样，成了逝去的往事。

继罗马人之后，阿拉伯人和土耳其人成了埃及的统治者。之后，他们禁止使用一切与他们的圣书《古兰经》无关的文字。

16世纪中期，几位西方学者来到了埃及，他们对这些奇异的图形表现出了些许兴趣。

然而，没有人能够解释清楚它们的意思。这些初来乍到的欧洲人，比起先他们来此地的罗马人和土耳其人也聪明不了多少。

终于到了18世纪末，一位名叫拿破仑·波拿巴的法国将军来到了埃及。可他并不是去研究历史的。他一心想利用这个国家作为一支远征军的出发地，前去和驻扎在印度的英国殖民者交战。这次远征虽然遭到了彻底的失败，但却帮助人们解决了古埃及文字这一神秘的难题。

拿破仑·波拿巴的部下，有一位名叫布鲁萨德的年轻军官。他所驻扎的圣于连要塞位于尼罗河西河口，即今天的罗塞塔河边。

布鲁萨德特别喜欢在尼罗河下游的废墟中东翻西找。有一天，他发现了一块让他大惑不解的石头。

像周围的其他东西一样，这块石头上也刻有象形文字。

但是，这块黑色的玄武岩石板和他所发现的其他东西却很不一样。

它上面刻有三段碑文，其中一段居然是希腊文。

希腊文当时是一种已知的语言。

几乎可以肯定，埃及文字中包含部分希腊文的转译（或者情况正好相反），由此仿佛可以找到通往古希腊语奥秘的钥匙。

只是，经过三十多年异常艰苦的努力，人们才用这把钥匙开启了那把神秘的古希腊语之锁。

然后，神秘之门终于被打开，古宝藏的秘密得以见天日。

毕生致力于破译这门语言的琼·弗朗索瓦·商博良，我们通常称他为小商博良，以区别他那位同样博学的兄长。

当法国革命爆发时，小商博良还是个孩子，因此他并没有在拿破仑·波拿巴将军的军队里服役过。

当他的同胞在战场上取得了一个又一个辉煌胜利的时候（帝国军队常常如此），他正潜心研究埃及当地基督徒科普特人的语言。十九岁时，他便被一所规模较小的法国大学任命为历史学教授。在那里，他开始了一项伟大的工程——翻译古埃及文字图形。

为此，他还用上了布鲁萨德在尼罗河口附近废墟中找到的那块有名的黑色罗塞塔碑石。

那块石头的原物仍留在埃及。拿破仑当时出于被迫匆忙撤离，将这块稀世珍品留了下来。

1801年，当英国人再次将亚历山大夺回来的时候，发现了那块石头，并把它运

石钥匙

到了伦敦。今天，你可以在大英博物馆里看到它。当然，人们那时把碑文复制下来，并送往法国供商博良研究使用。

希腊文的那段内容很明确。它记载了托勒密五世及其妻子克娄巴特拉的故事，即莎士比亚笔下那位克娄巴特拉的祖母。但是，其他两段碑文的秘密依然难以破解。

其中一段是用象形文字写成的。"象形文字"是我们对已知的最古老的埃及文字的叫法。象形文字这个词源于希腊语，意为"神圣的雕刻"。这个名称十分恰当，因为它充分表达了这种碑文的性质和意图。看来，发明这一技艺的祭司并不想让普通人对保存语言的奥秘过于熟悉，因此把文字变成了一项神圣的工作。

他们给它笼罩上了许多神秘的色彩，并规定象形文字的雕刻应该被视为是一种神圣的艺术，人们在商业或贸易等日常生活中不得使用。

刚开始，这个国家居住的主要是俭朴的农民。他们过着以家为中心、自给自足的生活，因此祭司们轻易地便可以强化这一规定。可是后来，埃及渐渐变成了商人的乐土。商人们需要一种超越口头表达的交流方式。于是，他们冒险借用了祭司们的图形文字，并将其简化，以方便自己使用。此后，他们开始用这种新的字体书写商业信件。当时，人们把这种新的字体称为"通行语言"。今天，我们按照其希腊文的叫法，称之为"通俗希腊语"。

于是，罗塞塔碑石上既有那段希腊文的神圣译本，也有它的通俗译本。小商博良将这两种译本作为自己研究破译的中心任务。他尽可能地收集到了所有的埃及文本，然后把它们和罗塞塔碑石上的文本进行对比研究。所幸，20年单调乏味、耐心细致的工作之后，他终于弄懂了其中14个小图形的意思。

这就意味着，破译每一个图形都要花去他一年多的时间。

最后，商博良来到埃及，于1823年出版了第一本关于古象形文字的研究著作。

九年后，他却因劳累过度与世长辞。对于从他孩提时代就立志要从事的这项伟大事业来说，他可以称得上是个真正的殉道者。

他的业绩将久远地流传下去。

他的研究也后继有人。今天，埃及学学者们读象形文字已经像我们阅读报纸一样轻松了。

20年内破译14个图形,这听起来似乎是一项进展极其缓慢的工作。但是,让我来告诉你商博良的困难,然后你就会深刻地理解他,之后才会大加佩服他的勇气。

古埃及人使用的并非简单的手势语,他们已经超越过了那个初级阶段。

当然,你知道什么是手势语。

所有的印第安故事都讲到了小图形的古怪含义。男孩子只有长大,到了生命的某个阶段,比如自己能猎杀小牛或者打仗的时候,才能发明完全属于自己的手势语。美国的童子军队员对此都很熟悉,但是埃及人的情况就大不相同了。我必须借助几幅图形才能尽可能地将这一点解释清楚。现在假设你就是商博良,正在阅读一份古老的纸草,上面记载着尼罗河畔一个农夫的故事。

突然,你看到一幅图,图上的男人手里拿着一把锯子。

"太好了,"你说,"毫无疑问,它(图1)的意思是农夫在外面砍倒了一棵树。"

图1

你的猜测很有可能是对的。

然后,你又翻过一页象形文字。

里面提到了一位活到82岁的女王。在原文的正中间,又出现了女王这幅图。至少,这幅图出现在这里让人相当费解。女王是不会出去到处砍树的,这样的事她肯定会找别人代劳。一位年轻的女王也许会为了锻炼身体而到树林里随便转转,而一位82岁的女王通常却只会在家里和她的猫或者纺车待在一起。可是,就有这么一幅图在那里。古代画下这幅图的祭司把它放在那儿,肯定有明确的意图。

这幅图到底是什么意思呢?

这正是商博良最终需要解开的谜。

他后来发现，埃及人是最早使用被我们称为"表音拼写法"的人。

如同大多数科学术语一样，"phonetic"一词也源于希腊语。它的意思是"关于我们讲话时发出的声音的科学"。你可能知道这个希腊词"phone"，它从前的意思是"声音"，出现在我们所使用的单词"telephone"即"电话"里。现在的电话是一种用来远距离传送声音的工具。

古埃及人的文字是"表音"的。它把人类从手势语的狭隘限制中解放了出来。穴居野人自从在他们居住的岩洞墙壁上涂画野兽的形状以来，便一直沿用了手势语这种原始的形式。

现在，让我们再回头来看看那个手拿锯子突然出现在老女王故事中的人。显然，他手拿锯子是要表达一定的意思。

"saw"这个词用作名词是指"锯子"，即你在木匠铺里能够见到的一种工具。当然，这个词也可以是动词"see"的过去式。

经过许多个世纪的漫长进程，这个词的意思经历了上述的演变。

起初，它的意思就是"拿锯子的人"。

然后，它开始表示我们读三个现代字母"s、a、w"时的发音。最后，它完全丧失了与木匠活儿有关的原义，成为"see"的过去式"saw"。

如果把一个现代的英语句子转换为古埃及的象形文字，你们应该就会明白我的意思（图2）。

这个图形（图3）的意思是"眼睛"，即长在头部的能够帮助你观看的两个圆形的东西；或者指"我"，即正在说话写字的人。

这个图（图4）既可以是名词"蜜蜂"，即一种采蜜的动物，当你伸手想抓它的时候，它会蜇伤你的手指；又可以是动词"to be"，它的发音和"蜜蜂"（bee）相同，意思却是指"存在"。当然，它还可以是某些动词的前一部分，例如"become"或"behave"。在这种情况下，前面那个"蜜蜂"图后边就得跟上一个图形（图5），它代表我们读单词"leaf"或"leave"时的那个发音。把"bee"（蜜蜂）和"leaf"（树叶）放在一起读，便是一个由两个音节组成的动词"beeleave"，或者我们今天所用的另外一个词：believe

（相信）。

再接下来的那个图也是"眼睛",你应该能知道它的含义了。

最后一幅图（图6）看起来像是一只长颈鹿。其实它就表示长颈鹿。这是古代符号语言的一部分,它最直接的理解仍然在继续沿用。

这样,你便可以得到以下句子:"我相信我看到了一只长颈鹿。"

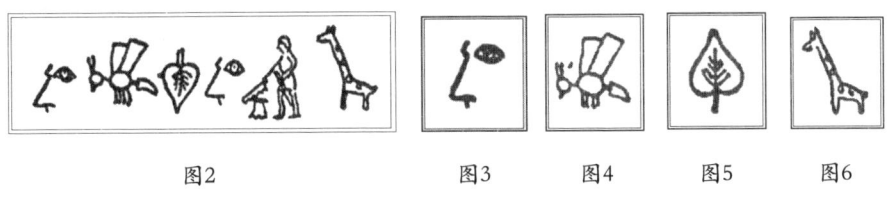

图2　　　　　　　图3　　图4　　图5　　图6

这个体系自从发明以来,经过千百年,在不断地发展着。

渐渐地,那些最重要的图形开始表示单个的字母或者是简短的发音,比如"fu""em""dee""zee",或者像我们所写的那样:f、m、d、z。借助此类东西,古埃及人可以把他们所想到的任何东西都写下来,并且把前人的所有经验毫不费力地保存下来,然后代代相传,造福后世。

总的说来,这便是商博良潜心研究的成果。我们受益无穷,他却为此耗尽心血,英年早逝。

今天,我们所掌握的埃及历史之所以比其他任何文明古国都要丰富,原因也正在于此。

第六章
人世与死界

人类的历史，其实就是饥饿的动物不断寻找食物的历史。

哪里的食物丰盛且易于采摘，人类就会迁徙到哪里。

尼罗河谷的名声一定在很早之前就流传开了。野人们从四面八方聚集到尼罗河的两岸。但是因为河谷被沙漠和大海包围着，要到达这片肥沃的土地其实很难，只有真正吃苦耐劳的人才可以幸存下来。

他们是什么人，我们不得而知。不过，有的人来自非洲内地，有卷曲的头发和厚厚的嘴唇。

其他黄皮肤的人则来自阿拉伯半岛的沙漠以及亚洲西部辽阔的大河流域。

为了占有这片富饶的土地，他们争斗不休。

之后，一个新的种族逐渐建立起来。他们称自己为"瑞米"，通俗地说就是"人"。他们对这个名称略感自豪，这就像我们一边想着自己的光荣传统，一边说"大不列颠"一样。

每年，当尼罗河水泛滥的时候，他们便搬去国内的小岛上生活；大海、沙漠把国家和世界上的其他地方隔绝开来。毫无疑问，这些人就是我们所说的"岛上居民"，这些居民保留了极少与邻居来往的习惯。

他们最忠于自己的生活方式。他们认为自己的风俗和习性比别人的都要好。同样，在他们心里，自己的神也比其他民族的神更强大。只要可能，他们就将外来者拒于埃及领土之外，唯恐自己的人被"外族人"催化腐蚀。但准确地说，他们并不讨厌外来者。相反，还有些怜悯他们。

他们本性善良，做事极少残忍。同时，他们很有耐心，在生意上从不斤斤计较。总之，他们从来不像那些为了生存不得不奋力挣扎的北方人那样尖酸刻薄。因为生活对他们来说，仿佛就是伸手可得的礼物。

每天，当太阳从沙漠远处那血红色的地平线上升起时，他们便开始在田里耕作，而当最后一抹夕阳落在山脊背后时，他们便上床安歇。

他们勤勤恳恳，辛苦劳作，冷淡漠然却极有耐心地承受着自然界可能发生的任何事情。

死界

因为他们相信，这种人世生活只是一种新生活来临前的短暂序曲，死神降临之时才是漫长新生活的真正开始。在他们眼里，来世比今生更重要。于是，埃及人把丰饶的疆土当成了敬拜死者的广阔圣地。

因为尼罗河纸草卷中讲述的故事大多带有宗教性质，我们可以十分确切地知道古埃及人崇拜什么样的神，而且又可以得知他们是如何保证那些进入了永恒睡眠的死者依然能够拥有最大的快乐和舒适。当然，最开始，每个小村庄都有属于自己的神。

人们认为自己的神住在一块奇形怪状的石头里面，或者是一枝特别高大的树干上。与它和睦相处总是有好处的。因为它若生起气来，会给人类造成极大的危害：毁掉庄稼，延长干旱期，让人和牲畜饥渴而死。因此，村民们极其乐意给它敬献礼物——或者奉上食物，或者呈上花束。

除此之外，埃及人在和敌人交战时一定会带上他们的神。后来，它就变成了一种战旗，处在危险中的士兵都会紧紧守护在它的周围。

但是，国家在慢慢发展起来之后，开始修筑更好的道路，古埃及人便集体向外迁徙。那些旧的"物神"（石头和木块）逐渐失去了原来的重要性，要么被人们扔掉丢弃在没人注意的角落里，要么被用作石阶和椅子。

它们的地位被威力更为强大的新神取代了，而新神代表了影响整个河谷中埃及人生活的所有自然力量。

首先是太阳，万物依靠它而生长。

其次是尼罗河，它能让白天不那么炎热，还能用养分充足的淤泥更新土地，肥沃土壤。

然后是仁慈的月亮，它在夜晚驾着轻舟穿过苍穹。

接下来还有雷、电，还有许许多多的自然之神，它们都各自拥有能够让人类要么愉快要么悲惨的喜怒好恶。

古代人类是完全听命于大自然的。要摆脱它们给人类带来的影响，可不像今天我们这么容易。如今我们可以在屋顶安放避雷针，以躲过雷电的袭击；也可以建造水库，以保证我们在无雨的夏季也能顺利生存。

与此相反，这些自然力量却是和古代人类日常生活紧密相关的部分——从呱呱坠地，到他的身体永恒安息，这些大自然的神力让他们一直心存敬畏。

古代人永远无法想象，有一天雷电和洪水这些强大无比的自然现象会与人类无关。他们认为雷电和洪水是由一个主人在某个地方所操控的，就跟工程师操纵机器、船长驾驶轮船一样。

于是，一个主神就这样被创造出来，它就像一支军队的总司令。

后来，众多低级的神灵也各居其位，听从主神的差遣。

在各自的领地里，每一位神灵又都能独自行动。

但是，遇到能够影响所有人幸福的重大事件时，它们又都必须服从主神的命令。

在埃及，众神的最高统帅是奥西里斯，埃及所有孩子都听过他的传奇故事。

很久以前，尼罗河流域住着一个国王，名叫奥西里斯。

他是一个好国王，他教他的臣民耕种土地，制定公正的法律统治他的国家。但是，他有一个很坏的弟弟，名叫塞斯。

塞斯非常嫉妒奥西里斯的成就。有一天，他邀请奥西里斯共进晚宴，谎称有东西要给他看。好奇的奥西里斯问是什么东西，塞斯说是一个形状怪异的棺材，人进去就像把衣服穿在身上一样合适。奥西里斯便说他想进去试一试。于是，他躺进了棺材里。可他刚一进去，就听到"砰"的一声——塞斯合上了棺材盖。他叫来仆人，命令他们把棺材扔进了尼罗河里。

塞斯干的坏事很快传遍了整个埃及。深爱着奥西里斯的妻子伊希斯立刻赶到尼罗河边，不一会儿，河水把棺材冲到了岸边。伊希斯急忙去通知她的儿子何露斯——他是另一块国土的统治者。可是，她刚一离开，那个邪恶的弟弟塞斯就闯进王宫，把奥西里斯的尸体切成了14块。

伊希斯回来后，伤心地取回了奥西里斯的14块尸体，把它们重新缝合起来。不料，奥西里斯又复活了。他变成了地狱之王，永远统治着人的灵魂离开身体之后都必须去的地方。

此时，塞斯那个头号魔鬼想要逃跑。奥西里斯和伊希斯的儿子何露斯（因为事先得到了母亲的警告）抓住并杀死了塞斯。

这则忠诚妻子、邪恶弟弟以及孝顺儿子的故事，与美德最终战胜邪恶的教义一起，最终构成了埃及人宗教信仰的基础。

人们将奥西里斯当作冬天死去来年春天又重新复活的万物之神。作为来世的统治者，他是人类行为的最终裁决者，这让那些做事残忍、欺小凌弱的人深感威慑和恐吓。

在埃及宗教里，离开身体的灵魂要飞往位于西方高高的远山之外（那里也是年轻的尼罗河的源头）。

因此，当埃及人说某人死亡的时候，就说他"向西去了"。

奥西里斯的妻子伊希斯也享有了奥西里斯的荣誉和义务。他们的儿子何露斯（Horns）则被尊为太阳神——"地平线"（horizon）一词便是由此而来，它表示太阳所在的位置。何露斯成了埃及的新一代国王。此后，所有的埃及法老都开始将"何露斯"作为他们的中间名字。

当然，像前面所说，每座小城和村庄都继续崇拜它们自己的神灵。只是在总的原则上，所有人都承认奥西里斯至高无上的权威，并且都竭力想博得他的欢心。

但这并不是一件简单的事，由此还滋生了许多奇怪的风俗。首先，埃及人开始相信，如果不能保存可以包裹灵魂的身体，灵魂就不能进入奥西里斯的来生世界。

因此，无论如何，人死后的身体必须能够保存下来，而且还必须安放在一个永久适宜的地方。这样，便有了后来的防腐处理。但这是一项艰难而复杂的工作，通常由一位医生兼祭司的官员来操作。他有一名助手，任务是做好胸部的切口，以便往里面填充雪松树脂、没药树脂和肉桂。助手们因为该工作性质而变成了一个最遭人厌恶的特殊阶层。埃及人认为，人不管是活着还是已死去，在他身体上实施暴力都是罪恶的。因此，只有最下层的人才会被雇来做这种遭人唾弃的事情。

然后，祭司开始处理尸体。他先把尸体浸泡在氧化钠溶液中十个星期，氧化钠是专门从遥远的利比亚沙漠取来的。这样，尸体就变成了"木乃伊"（mummy），之所以这样命名，是因为它充满了树脂（mumiai）。之后木乃伊被成码成码的特制亚麻布包裹起来，放在一个装饰精美的棺材里，最后被运往西部沙漠中的墓穴之家。

在那里，墓穴或者是沙漠中的一间小石屋，或者是山坡上的一个岩洞。

木棺被放置在小屋的正中间，然后再放进去许多烹调用具、作战武器和木制或土制的理发师及屠夫的人像。这样做的目的是死去的主人一旦有什么需要，它们还可以随时提供服务。屋里还放着长笛和小提琴，墓穴的主人可以借此消磨他在"永恒之地"度过的漫长时光。

屋顶被重新铺了沙子，于是，死者就这样在永恒的睡眠中安息了。

危险的是，沙漠中到处都是野生动物。鬣狗，狼群，它们会刨开木头屋顶和沙子，然后把木乃伊吃掉。

这实在是太糟糕了。因为这样灵魂注定会永远东游西荡，遭受如同无家可归的人一样的痛苦。因此，为了确保尸体安全，人们在墓穴周围又修建起一圈低矮的砖墙，并在砖墙与墓穴之间的空地上填满沙子和砾石。这样，一座低矮的人工山丘就建成了，它可以保护木乃伊不再遭受野兽和盗贼的侵扰。

一天，一个刚刚安葬了母亲的埃及人因为对母亲极度爱戴，决定为她建造一座很大的墓，要超过尼罗河谷所有的墓穴。

于是，他把他的农奴们召集起来，命令他们建造一座在几英里[1]之外就能

1　1英里=1.609344千米

看得见的山丘,并且在山丘的每个侧面都覆盖上一层砖头。这样,大风就无法将沙子吹走了。

这个新颖的主意十分受欢迎。

很快,人们便开始相互攀比起来。于是,墓穴建造得越来越高,超出了地面20英尺[1]、30英尺、40英尺。

最后,一位阔气的贵族下令用坚固的石头为自己建造一间墓室。

在墓穴的上方即木乃伊的安放处,他又用砖堆积起来,高耸入云几百英尺。同时,留出一条狭窄的过道通向墓室。当过道用一块沉重的花岗石板封闭起来的时候,木乃伊就不会受到任何侵扰了。

国王当然不会允许他的任何一个臣民在建造墓穴这件事上超过他,他是全国最有权势的人。在世时,他住着最宽敞的房子,死后也理所应当安葬在最好的墓穴里。

其他人只能用砖头修建墓穴,他却可以选用最贵重的材料。他有权力派出官员四处征集劳力,修筑道路,建造棚屋(劳力吃住和睡觉的地方,今天这些棚屋仍然可以看到)。然后,他开始为自己建造一个可以保存千秋万世的墓穴。

这种巨大砖石结构的建筑被我们称为"金字塔"。

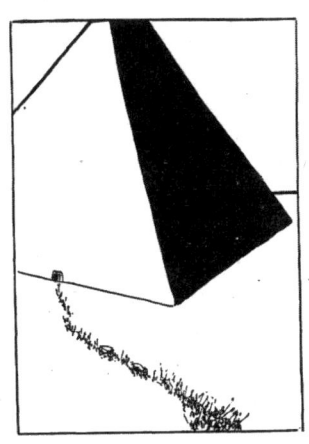 

金字塔　　　　　　　　　金字塔的构建

1　1英尺=0.3048米

这个词的来源其实很有趣。

当年,希腊人到达埃及的时候,金字塔已经有几千年的历史了。

埃及人自然会把他们的客人带到沙漠中亲睹这个壮丽的奇观,这跟我们会带外国人参观伦敦的西敏寺和伦敦塔是一个道理。

希腊客人看到金字塔后惊羡不已,挥手询问这些奇异的山到底是什么。

埃及向导以为他是在说陵墓的高度很不同寻常,于是附和道:"是的,它们的确很高。"

木乃伊

在埃及语里,"高"这个词写作"piremus"。

希腊人误以为这是整个建筑的名称,于是便又给它加了个希腊词的后缀,最后称它为"pyramis"。

今天,我们把这个词中的"s"变成了"d"[1]。只是说起尼罗河两岸的石基时,我们才依然沿用上一个埃及词。

埃及最大的一座金字塔建于5000年前,高500英尺。

它的地基就足足有755英尺宽。

它覆盖了超过13英亩的沙漠,是世界最大的基督教建筑物圣彼得教堂占地面积的三倍。

修建这座金字塔前后动用了一万多人,历时20年。石头均来自遥远的西奈半岛,而后经过尼罗河(他们究竟是如何做到这一点至今仍然是个谜),再穿过半个沙漠,最终被升高运送到合适的位置上。

在这期间,法老的建筑师和工程师们将任务完成得非常出色。尽管承受着来自各个方向重达上万吨巨石的挤压,通往金字塔中心法老墓室的狭窄过道却从未发生过变形。

---

[1] 英语中"金字塔"一词写作"pyramid",读音和上面两个词相近。——译者注

第七章
国家的建立

今天，我们每个人都隶属一个"国家"。

我们可能是法国人、中国人或者俄国人。退一步讲，即使我们生活的地方是印度尼西亚的一个最偏僻的角落，我们也总是以这样或那样的方式归属于某个我们称之为"国家"的人群组合。

我们是否承认并信服它的国王、皇帝或总统，这都无关紧要。重要的是，我们生老病死，都始终是作为这样一个大整体中的一小部分在变化。没有人能逃脱这个宿命。

其实，"国家"的出现并不久远。

只是世界上最早的居民并不知道国家是什么。

当时，每个家庭都独自狩猎、劳作，自生自灭。后来，为了更好地防范野兽和野人的攻击，一些家庭开始结成较为松散的联盟——部落或氏族。当危险过去，这些群体又各自分散，重新独立谋生。如果弱小者没有能力保护自己的洞穴，成了鬣狗和老虎的腹中之物，也不会有太多的人为他过分悲伤。

简单地说，此时的每个人就是一个自生自灭的国家。至于邻居的幸福和安危，他没有丝毫的责任感。这种现象后来开始以极其缓慢的速度发生了变化。先是埃及第一个把人民组织起来，建立起一个管理十分严格的帝国。

尼罗河是直接促成这种有利进步的因素。我已经给你们讲过，每年夏季，尼罗河谷的大部分地区以及尼罗河三角洲都会由于河水泛滥而成为一片内陆汪洋。为了从这片汪洋中汲取最大的利益并最终生存下来，人们必须在某些地方

年轻的尼罗河

修筑堤坝和小岛,这样才能在八九月份为自己和其他动物提供庇护。可是,修筑这些人工小岛并没那么容易。

如果没有外来的帮助,任何人、任何家庭,甚至是一个小部落,都不太可能修建成一道堤坝。

一个农民不管多不喜欢他的邻居,也一定不希望自己被洪水淹死,当河水上涨到对他和妻子、孩子以及牲畜的生命造成威胁的时候,他会毫不犹豫地动员包括邻居在内的周围所有居民对其施救。

这种必要性迫使人们忘掉了各自本就微不足道的差别。很快,整个尼罗河谷的人便三五成群地结合起来。他们开始为了共同的生存目标不断协作,为了生活和兴盛相互依靠。

第一个强大的国家便从这些小群人的结合开始,渐渐产生了。

这是人类的一大进步。

它让埃及成了一个真正可以久居的地方。它意味着那些无法无序的杀戮从此结束了,而它比以往任何时候都更能够保护人们的安全,并为部落中弱小的成员提供生存的机会。完全混乱无序的状态只存在于今天的非洲丛林,而那样一个没有法律、警察、法官、医生、医院和学校的世界真是让人难以想象。

可是在5000年前,埃及作为唯一一个有组织的国家却备受邻居们的嫉妒,因为这些邻居仍必须独自应付生活的艰难。

当然,国家的组成不能只有普通公民。

首先必须有能发布号令的人。在紧急情况下,必须有人能够站出来指挥全体大众。就是

肥沃的河谷

说，国家必须有首领，才能得以延续。这个首领可以是国王、皇帝或者夏（波斯国就是如此），现在有时也把他叫总统。

在古埃及成立国家之前，每个村庄都承认村中长老的权威，这些老年人比年轻人阅历丰富得多。这些长老会挑选出一名强壮的男人，以便在战时指挥他们的战士，或者在洪水来临时告诉村里人该如何应付。他们送给他一个与众不同的称号——国王或者王子，村里人为了大家共同的利益也都会遵守他的命令。

因此，在埃及历史的上古时代，人是这样划分的：

绝大多数人是农民，其贫富程度大致相同。

统治者权力很大。他既能出任军队的最高长官，也能任命法官，还可以为了国民的利益颁布命令修筑道路。

当然，他还是维护安全和秩序的首领，指挥抓捕盗贼。

作为这些宝贵服务的报偿，他从每个人那里得到一笔钱即税收。但是，这些税收的大部分并不用于国王本人的开支，而是委托给他应用于公众利益的。

然而，一段时间之后，新的阶级出现了。它既不是农民也不是国王，而是被称为贵族，其地位介于统治者和平民百姓之间。

那个久远的年代以后，它就开始出现在各个国家的历史中，并在各国发展中扮演着极其重要的角色。

我得尽可能向你们解释清楚：这个贵族阶级是如何在最普通的日常生活环境中形成并发展起来的，以及即便遭遇过各种各样的反对，它又是怎样维持至今的。

为了把这些内容叙述得明白易懂，我画了一幅图，并把它叫作封建制度的起源。

在图上你们可以看到五个埃及农场。这些农场最早的主人们在很久以前就迁到了埃及，每个家庭都占有一块原本没有主人的土地并且定居下来。此后，他们种植谷物，牧牛养猪，想方设法

封建制度的起源

地辛勤劳作，以保证自己和孩子们能够活下来。很明显，他们的生活机会在此时是均等的。

那么为什么到了后来，会有一个人变成了所有人的统治者，并且可以在丝毫不触犯法律的情况下攫取他们的田地和粮仓呢？

粮食收获后的一天，鱼先生（图上有用象形文字标记的他的名字）驾着装满谷物的船到达了孟菲斯镇。在那里，他把谷物卖给了埃及中部的居民。对农民来说，这一年是个好年景，鱼先生的粮食卖了很多钱。

几个星期之后，邻居农场上的麻雀先生打算把他的小麦运到最近的市场上去卖。倒霉的麻雀先生前些年运气一直都不太好。因此，他希望今年的小麦能卖个好价钱，以弥补以前的损失。所以，他一直在盼着孟菲斯的小麦价格升高。

那天早晨，村里有人传言，说克里特岛正在闹饥荒。结果，埃及市场上的谷物价格果然大涨起来。

麻雀先生希望自己能利用这次意外转机赚到大钱，于是，他命令雇用的船长全速前进。

结果，船长手忙脚乱地划动船桨，小船撞上一块岩石沉没了，船长也随船下沉淹死了。

这次，麻雀先生不仅丢掉了所有的粮食和自己的船只，还得付给船长的妻子十块金子，以弥补她失去丈夫的损失。

这场灾祸怎么偏偏发生在麻雀先生再也无法经受任何打击的时候？

冬天就要来临，他已经没有钱给孩子们买斗篷。虽然旧农具用了很久已经完全坏掉了，他还是一拖再拖没有买新的锄头和铁锹。他也没有种子播种。总之，他几乎身陷绝境。

虽然他不太喜欢邻居鱼先生，但现在已经别无他路，他不得不低声下气地去求鱼先生借给他一小笔钱。

他来到鱼先生家。鱼先生称他十分乐意借给他任何需要的东西，但是，麻雀先生能保证还得回来吗？

麻雀先生说："我能。"他愿意用自己的农场作担保。

可是，鱼先生对他的那个农场非常了解。这是麻雀先生祖祖辈辈的家业。

麻雀先生的父亲曾经被一个腓尼基商人狠狠骗了一回。那商人卖给他一对"弗莱吉恩牛"（没人知道这名字是什么意思），声称那牛的品种相当优良，只需要喂一点点草料，就可以使出普通埃及牛两倍的力气干活儿。那个善良的老农夫相信了商人一本正经的谎言，买下了这两只神奇的牲畜，让所有邻居都很羡慕。

可事实证明，买这对牛一点儿都不合算。

它们不仅愚笨，行动迟缓，还懒惰异常。没到三个星期，它们就死于一种神秘的疾病。

老农夫非常气愤，突发了中风，农场的经营自然留给了唯一的儿子。儿子此后拼命干活儿，无奈，收效甚微。

再回来说，这次失去谷物和船只，对麻雀先生来说是不堪忍受的致命一击。

年轻的麻雀先生如果不想饿死，就得去求邻居借钱给他。

鱼先生对他所有邻居的生活情况都很熟悉（他这样，倒不是因为他喜欢闲言碎语，而是因为人们从来不知道为什么这类消息那么容易就能传播开来），对麻雀先生一家人的处境自然也了如指掌。因此，他态度强硬：麻雀先生可以借走他所需要的钱，但同时必须遵守一些条件。他得答应每年为鱼先生干六个星期的活儿，并允许他在任何时候都能自由进入麻雀先生的土地。

麻雀先生很不喜欢这些条件。可是，眼看白天迅速变短，冬天很快就要到了，他的家人已经没有东西可吃了。

最后，他被迫接受了这些条件。从此，他和他的子女就再也没有以前那么自由自在了。

虽然他们并没有真正成为邻居的奴仆或奴隶，但为了生计，他们决定依赖他的善心。当他们在路上碰到鱼先生的时候，就赶快闪到路旁，说："早上好，先生。"鱼先生有时候则会应酬一下——也许也不会——看他的心情而定吧。

反正他现在拥有大量的水田，已经是从前的两倍了。

他有了更多的土地和劳动力，种植的谷物也比往年多了不少。附近的村民都在谈论他修建的新房。总之，所有的人都觉得他是一个财富越来越多、地位也越来越高的人。

后来,在那年夏天,一件意想不到的事发生了。

天降大雨。

在这个村庄里,连最年长的居民都不记得发生过这样的事。但是大雨来势凶猛,整整下了两天两夜。一条早已被人遗忘的小溪也突然间涨水,变成了一条汹涌奔腾的急流。夜半时分,它从山上咆哮而下,山脚下一户农夫种在岩石地里的庄稼顷刻间便被冲毁了。那个叫杯子的农夫,也是从上百个已经死去的祖先那里继承到的这块土地。损失几乎无可挽回。杯子先生此时需要新的粮食种子,而且是急需。他听说过麻雀先生的经历。他也同样讨厌去求鱼先生帮忙,因为鱼先生的精明远近闻名。可最后他还是去找了鱼先生,低三下四地求他贷给自己几蒲式耳[1]小麦。和麻雀先生一样,在他答应每年到鱼先生的农场干整整两个月的活儿之后,他才得到了小麦。

鱼先生现在越来越发达。他的新房已经盖好,他觉得是时候确立自己作为一家之主的地位了。

离他家不远的地方,住着一户农夫,主人叫刀,家里有个女儿。他是个听天由命的人,没有多少钱给孩子置嫁妆。

鱼先生拜访了刀先生,说他不介意钱的事。他有的是钱,不要一个子儿娶他的女儿为妻都可以。但是,刀先生必须答应死后把土地留给他。

事情就这么成了。

遗嘱是当着证人的面正式起草的,随后便举行了婚礼。鱼先生现在拥有了(或者即将拥有)四块农场的大部分。

当然,在这四块农场中间还有第五块农场。它的主人镰刀先生要想把小麦运到集市上去,必须经过鱼先生的土地。镰刀先生已经不再年轻力壮,他本人很愿意受雇于鱼先生,条件是他和妻子在以后的日子里还能有住房和衣食。他们没有孩子,这个协定已经足以让他们安度晚年。可是镰刀先生死后,他的一个侄子大老远地跑来说自己有农场的继承权。鱼先生干脆放狗扑过去,这个家

---

[1] 一种计量单位,约合36.4升。——译者注

伙就再也没有出现过了。

这些交易前前后后一共用了20年的时间。

杯子、麻雀和镰刀家族的后代们不假思索地接受了他们的这种宿命。他们只知道上了年纪的鱼先生是个"大财主",要想一生无忧,他们或多或少都要仰仗一下他。

鱼先生死的时候,留给了儿子大片的农田和在附近一带举足轻重的地位。

年轻的鱼先生颇像其父,一样精明能干,并且怀有雄心抱负。当埃及[1]国王发动战争对抗野蛮的柏柏尔人[2]部族的时候,他还主动前去应征。

因为他的作战英勇,国王还任命他做了王室税务官,专门负责收缴300个村庄的年税。

在当地,农夫无力缴纳赋税的情况常有发生。

年轻的鱼先生就提供给他们一小笔贷款。

这让那些还略有感激的农夫在一无所知的情况下,就已经开始为王室税务官干活儿了。这样他们既要偿还借款,还要支付利息。

时间一年一年过去了,鱼先生的家族在家乡的地位更加显赫。老式的房屋对于如此重要的人物来说已经不够高大了。

于是,一座宏伟的宅院落成了,参照底比斯[3]皇家宴会厅的式样修建。一道高高的院墙竖立了起来,公众却只能敬畏地隔远遥望。此后,没有全副武装的士兵护卫,鱼先生是不会外出的。

他每年还会前往底比斯谒见国王两次。国王住在全埃及最大的宫殿里,因此人们称他为"法老",即"大房子的主人"。

在一次拜访中,鱼先生带去了鱼氏第三代,即家族创建者的孙子。这是个

---

1 指埃及南部地区,包括开罗以南直至苏丹边境的尼罗河谷地区,主要为农业区。——译者注

2 此种人居住在北非。——译者注

3 古埃及新王国时期世界上无与伦比的都城,跨尼罗河中游两岸。——译者注

英俊的年轻人。

法老的女儿见到这个年轻人之后，便一心想做他的妻子。婚礼用去了鱼先生大部分的财产。但他是王室税务官，于是，他毫不留情地开始剥削百姓。不到三年，他的财宝箱就又满满的了。

鱼先生死后，被葬在一座小金字塔里，受到了王室成员的待遇。法老的女儿还伏在他的墓前哭泣了半天。

这便是我要讲的故事。在尼罗河岸的某个地方，一个家族历经三代人，终于摆脱了祖先卑贱的阶层，来到了王宫大门、皇室的近旁。

后来，一大批和鱼先生一样精力充沛、足智多谋的人也经历了同样的事。于是，这些人形成了一个阶级。

他们相互联姻，最终将家族的财富控制在了一小群人手里。

当然，作为军官和税务官，他们为国王忠诚地效力。

他们保障了陆路和水路的通畅。

他们执行了许多有益的任务。他们之间也严格遵守着荣誉的规则。

除此之外，如果国王不好，这些贵族也很容易随着变坏。

如果国王软弱，这些贵族便会设法掌控国家。

也时常发生这样的事：人民奋起反抗，想要推翻那些欺压他们的人。

很多旧贵族在事件中被杀死，土地被重新分割，人人都享有了公平的机会。

但是很快，阶层的压迫又会旧戏重演。

这次，也许是变成麻雀家族的某个成员运用更为出色的精明与勤勉做了他那一带乡村的主人，鱼先生的后裔（虽然有着光荣的过去）却沦落到了贫困的境地。

除此之外，没有什么改变。

朴实的农民一如既往地劳动、纳税。

税务官则继续聚富敛财。

只有古老的尼罗河，对人类的野心没有丝毫的兴趣。它依然像从前一样在年久失修的河岸中静静地流淌，将它丰厚的祝福赐给穷人，也赐给富人。或许，这种不偏不倚的公正只有在大自然中才找寻得到。

第八章
埃及的兴衰

我们经常能听到"文明西进"这个词。它的意思是说那些吃苦耐劳的拓荒者越过大西洋,从欧洲来到美国,然后在新英格兰和新尼德兰沿岸定居下来——他们的下一代穿过了辽阔的大草原——他们的子孙后代则迁到了加利福尼亚——而今天的这一代人则希望把辽阔的太平洋变成人类有史以来最为重要的海域。

事实上,"文明"从来就不会在同一个地方持续太长的时间。它总是在移动,但也并不总是西进。有时候,它的进程是向东或者向南。我们会发现,它在地图上的移动轨迹通常是蜿蜒曲折的。尽管如此,它的确是在不停地移动着。过个两三百年,文明便会说:"哦,我和这些特殊的人在一起待得够久了。"然后,它收拾起自己的书本、科学、艺术和音乐,向前漫游,去寻找新的领地。没有人知道它要到哪里去,这或许就是生活变得有趣的原因。

就埃及而言,文明的中心是沿着尼罗河两岸向北、向南移动的。正如我已经告诉过你的那样,从非洲各地和亚洲西部来的人首先进入河谷,在那里定居下来。然后他们逐渐形成了小的村落和城镇,并甘愿接受最高统治者的统治。这位最高统治者就是法老,这个国家的首都设在下埃及的孟菲斯。

2000年之后,这个古老的国家由于统治者太软弱而无法再维持下去。向南350英里之外的上埃及底比斯镇的一个新家族便开始筹备,成为整个河谷的主人。公元前2400年,他们的愿望达成了。在成为上埃及和下埃及的统治者之后,他们决定征服全世界。于是,他们朝着尼罗河的源头进军(他们以前从未到过那里），在那里征服了黑皮肤的埃塞俄比亚人。接着，他们穿过西奈半岛沙漠，进入了叙利亚，巴比伦人和亚述人闻风丧胆。对这些边远地区的成功控制有力地确保了埃及的安全，这让他们能够把河谷建设成一个幸福的家园，数以万计的人于是在那里定居了下来。而后他们修建了许多新的堤坝，还在沙漠里建成了一个巨型水库，里面灌满了尼罗河的水，以备人们在持续干旱时使用。统治者还鼓励人民致力于数学和天文学的研究，以便确定尼罗河水泛滥的时间。这时需要一种简便的方法来计算时间，于是，一年被确定为365天，并被分为12个月。

与过去不允许埃及人接近所有外族东西的传统相反，现在，统治者已经允许人们用埃及的物品换取从别处运到埃及港口的货物了。

他们和克里特的希腊人、西亚的阿拉伯人做生意，还从印度人手里购进香料，从中国进口黄金和丝绸。

肥沃的河谷土壤

然而，人类所有的制度都要服从特定的盛衰规律，国家或王朝也不例外。经历了400年的繁盛之后，这些强大的国王显出了不少疲倦之意。埃及帝国伟大的统治者们不再坐在骆驼上昂首走在军队的前头，而是整天在宫殿里闭门不出，静听竖琴和长笛演奏的美妙音乐。

一天，底比斯镇有传闻说，一个野蛮的阿拉伯游牧部落正沿着边境肆意抢掠。埃及人决定派出一支军队将他们赶走。不料，这支军队却在沙漠里被凶残的阿拉伯人杀了个片甲不留。随后，阿拉伯人带着他们的羊群和居家用具继续朝尼罗河挺进。

埃及的另一支军队受命出兵狙击阿拉伯人。战斗的结果是埃及人遭到了彻底的灾难性打击，尼罗河谷从此向入侵者敞开了大门。

入侵者骑在飞快的战马上，肆意挥舞着弓箭。很快，他们便成了整个埃及的主人，统治了埃及五个世纪，并把首都迁到了尼罗河三角洲。

他们还压榨埃及农民。

他们凶狠残忍，杀戮婴孩，亵渎埃及人的古老神灵。他们不喜欢住在城市，而是愿意和牲畜一起待在开阔的土地上。因此，他们被称为"希克索斯王朝"即"牧人王朝"[1]。

终于，人们再也无法忍受他们的统治。

底比斯城的一个贵族家庭勇敢地站出来，抢在了反抗外族入侵者的民族革命前列。这是一场孤注一掷的战争，但幸运的是埃及人赢得了胜利。希克索斯人被赶出埃及，回到了他们从前居住的沙漠。这次经历给埃及人敲响了警钟。他们已经沦为异族的奴隶长达500年之久，这是一场可怕的体验，绝对不能再继续下去了。只有祖国的边疆异常强大起来，才没有人胆敢觊觎这块神圣的土地。

新的底比斯国王叫特斯莫西斯，他侵入亚洲，一直打到美索不达米亚平原才止步。他在幼发拉底河里清洗他的战斧，巴比伦和尼尼微人[2]一提起他的名字便胆战心惊。特斯莫西斯在所到之处都会修建坚固的堡垒，连接起四通八达的道路。在他最终建起了一道抵抗侵略的屏障之后，便于返回祖国后不久过世了。随后，他的女儿哈特谢普苏特继续了他的伟大事业。她修复了被希克索斯人捣毁的庙宇，建立了一个强大的国家。全国的士兵和商人一起为共同促进国家的安全和繁荣而努力着。这就是所谓的新帝国时期，从公元前1600年一直持

---

1 约公元前1730年至公元前1570年间连续统治埃及的外族入侵者。——译者注

2 古代的东方奴隶制国家亚述的首都，遗址在今伊拉克北部的摩苏尔附近。——译者注

续到了公元前1300年。

但是，一个军事帝国从来就不会维持长久。帝国越大，防卫所需要的人也就越多；参军的人越多，留在家中耕种农田和从事贸易的人就势必会减少。几年之后，埃及帝国就不堪重负了。军队本来是抵御外敌入侵的主要支柱，现在却由于人员和金钱的极度匮乏而将国家拖入了毁灭的危险境地。

此时，来自亚洲的野蛮人毫不迟疑地向那些牢固的高墙发动了猛攻。在高墙背后，埃及人聚藏了整个文明世界的宝贵财富。

刚开始，埃及的要塞尚且能够固守。

但是有一天，遥远的美索不达米亚崛起了一个新的军事帝国——亚述。它既不关心艺术，也不理喻科学，它的优势就是能征善战。亚述人在战争中击败了埃及人，此后他们统治了尼罗河二十多年。对埃及来说，这次失败就是没落的开始。

有短暂的几次，埃及人想重新赢得独立。但这已经是一个进入暮年的民族，多少个世纪的艰苦劳作已经让他们精疲力竭。

轮到他们退出历史舞台，让最文明的人来领导这个世界了。希腊商人正蜂拥而至，想要进驻尼罗河口的城市。

新的首都是建在尼罗河口附近的赛斯。埃及转眼间成了一个纯商业的国家，是西亚和东欧不可或缺的贸易中转站。

后来波斯人也来了，他们征服了整个北非。

两个世纪之后，亚历山大大帝把法老的古老疆域收为希腊的省份之一。他死后，他的将军托勒密自立成了独立的新埃及国王。

托勒密家族此后统治了埃及达200年。

公元前30年，托勒密王朝的最后一位女王克娄巴特拉因为不愿意被罗马将军屋大维俘虏而自杀身亡。

故事到此结束了。

埃及至此成了罗马帝国的一部分。作为一个独立国家，她的生命终结了。

第九章
美索不达米亚——河谷中的国家

现在，我要带你登上最高的金字塔塔顶。

攀登上去可是要费点儿力气的。

这座人造山用粗糙的花岗岩石块建造而成。外面本来覆盖有一层光滑精细的漂亮石头，但是年深日久，早已风蚀剥落，有的还被偷去用以修建新的罗马城市。一只山羊都可以轻而易举地登上金字塔奇异的顶峰。在几个阿拉伯小伙子的帮助下，我们费力攀登了几个小时也同样到达了顶点。然后我们在那里驻足歇息，将目光投向了人类历史的下一个华美篇章。

在很远的远方，在那片辽阔而漫无边际的黄沙尽头，古老的尼罗河穿过沙漠急流入海，如果你的眼睛像鹰眼一样敏锐的话，你会发现一片微微闪着亮光的绿色原野。

那是一片夹在两条大河之间的河谷地带。

那是古代地图上最有意思的地方。

那里是《旧约》里描写的天堂。

那里是一片神秘而奇异的古老土地，被希腊人称为美索不达米亚。

"美索"的意思是"中间"或者"两者之间"，"不达米亚"在希腊语中则表示河。（就像河马指生活在河里的马，由河和马两个词组成一样。）美索不达米亚表示"在两河中间"延伸出去的一块土地。其中，这两条河流分别指幼发拉底河和底格里斯河，巴比伦人分别叫它们"朴拉图"和"狄克拉特"。你可以在地图上找到这两条河，它们起源于亚美尼亚北部的雪山，然后缓慢地穿过南部平原，最后到达波斯湾泥泞的海岸。在浪花消失在印度洋里之前，它们已经完成了一项伟大而神圣的使命。

那就是把一片干旱贫瘠的地区变成了西亚唯一的一块肥田沃土。

这个事实有助于解释美索不达米亚为什么会让北部山区和南部沙漠的居民如此向往。

所有的生物都喜欢舒适的感觉，这个道理人人皆知。下雨的时候，猫儿也会忙着躲雨。

天冷的时候，狗更愿意在火炉前找个窝。当大海里某个地方海水变得太咸（或者太淡）的时候，成群的小鱼会匆忙地向另一片辽阔的海域游去。至于鸟类，更是会每年进行一次有规律的迁徙。同样，当寒冷的天气来临，野鹅就会离去；而当第一只燕子飞回来的时候，我们就知道春天要来了。

人也不会打破这条规律。温暖的火炉总是比凛冽的寒风更招人喜欢。无论什么时候，如果让一个人在一顿美餐和啃干面包之间做出选择，他总是会偏爱美餐。只有在实在没有退路的情况下，他才可以栖身于沙漠或置身于北极圈的冰天雪地之中。只要给他提供惬意的住所，他就一定会毫不犹豫地接受。改善自身生存状况的愿望，实际上就是让生活舒适感增加而烦恼减少的愿望，这是推动世界进步的有益动力。

它驱使欧洲的白种人走遍了地球的每个角落。

它让我们国家的山地和平原都人口密布。

它让千百万人从东到西、从南向北不停地迁移着，直至找到最适合他们安居乐业的气候和生存环境。

这种本能促使人们拼命地以最少的劳苦换取最大限度的舒服感。在亚洲西部，它促使处在寒冷和荒凉中的山地居民以及居住在焦土般灼热沙漠之中的人们都拥向美索不达米亚幸福的河谷中寻找新的栖身之地。

它引发双方为了各自独立拥有这块地球上的天堂乐土而大打出手。

它也迫使他们最大限度地发挥自己的创造力，展示他们最可贵的勇气，来保卫自己的土地家园以及妻子儿女免受后来者的侵害。被这片乐土的盛名吸引而来的人世世代代从未间断过。

在原来的和新建的部落之间,在吵嚷着要求分享这块土地的其他人群之间,这种无休止的纷争最终导致了连续不断的战争。

那些弱小而不够强盛的部落几乎没有成功的机会。

只有最聪明和最勇敢的人才能在战争中幸存。至此,你应该可以明白,美索不达米亚为什么会成为一个强大民族的故乡,而且能够建立起那样一个造福千秋万代的文明国家。

第十章
苏美尔人的楔形文字

1472年，在哥伦布发现美洲前不久，一个名叫约瑟芬·巴布洛的威尼斯人正在波斯漫游。当他穿过设拉子[1]附近的山区时，看到了一些让他困惑的事情。设拉子一带的山坡石岩上遍布着古老的寺庙。古时的朝拜者在几个世纪之前就已经消失，寺庙一副败落凋敝的景象。但在寺庙的墙壁上，巴布洛可以清楚地看到一些用奇怪的字体写下的长篇传奇故事，看上去就像是用一只锋利的指甲划上去的一样。

回去以后，他将自己的发现告诉了镇里的人。可是，当时土耳其人正要入侵欧洲，人们忙于应战，根本无暇顾及西亚心脏地带某地一种不为人所知的新字母符号。因此，这件关于波斯文字的事情很快便被人遗忘了。

两个半世纪之后，一位年轻的罗马贵族——皮埃特罗·德拉·瓦勒来到了200年前巴布格曾经到过的那一带山坡。他同样对废墟上奇怪的文字困惑不解。这个细心的年轻人小心翼翼地将它们抄了下来，并连同他的发现报告和几篇游记一起寄给了他的朋友席珀罗医生。在那不勒斯行医的席珀罗医生对学术研究也颇感兴趣。

席珀罗把这些看上去模样滑稽的小符号抄了下来，然后带给其他科研人员一起分析。不幸的是，此时欧洲再次陷入了其他事务的纷扰中。

新教徒和天主教徒之间的残酷战争爆发了。人们又开始忙着杀戮那些和自

---

1 伊朗西南部的一座城市。——译者注

己的某些宗教观点不尽相同的人。

一个世纪又要过去了,人们仍然没能拿出足够的时间对波斯楔形文字进行认真的研究。

18世纪在历史上是一个热爱科学疑难问题的世纪,对于那些思维活跃充满好奇的人来说,可谓生逢其时。当丹麦国王弗雷德里克五世征集学者组建一支前往西亚考察的探险队时,自愿报名的人不计其数。探险队于1761年离开了哥本哈根,这次探险活动持续了六年。在这期间,队员们先后死去,最终只有一人生还,他叫卡斯坦·尼布尔,出身德国农民家庭。比起那些终日在图书馆的书堆里埋头苦读的教授,他更吃苦耐劳。

尼布尔是位职业的探险家,也是个值得我们敬佩的年轻人。

他孤身一人继续着他的旅程,最终抵达了波斯波利斯[1]废墟。在那里,他花了一个月的时间,把他在宫殿废墟和寺庙的残垣断壁上所看到的文字全部抄写了下来。

为了方便科学研究,他在返回丹麦之后出版了自己的发现成果。同时,他还试图破译某些文字的含义。

但他没有成功。

只要我们理解他要解决的问题有多么困难,就不会惊讶于这样的结果。

商博良当初在破译古埃及象形文字的时候,姑且还能从那小小的图形中略有所悟。

然而波斯文字却没有任何图形。

这些文字是由无穷无尽不断重复的V形符号组成的,这在欧洲人眼里显然毫无意义。

如今,当谜底被揭开之后,我们知道了,苏美尔人最初的文字其实也是一种图形语言,和埃及人的象形文字相差不多。

但是埃及人很早就发现了纸草这种植物,因此他们可以把象形文字画在光滑的平面上;而美索不达米亚的居民却不得不将他们的文字刻在坚硬的山坡岩

---

[1] 古波斯帝国的都城之一,其废墟在今伊朗西部设拉子附近。——译者注

石或者是松软的黏土砖坯上。

由于有其必要性，他们逐步简化了最初的图形。到后来，他们设计出了一套共包含五百多个不同字母组合的体系，可以很好地满足他们的各种表达需求。

让我举几个例子。当初，"星"被刻在砖块上时看起来是这样的：✳。

但是，一段时间之后，因为使用起来很不方便，这个形状被人们放弃，而变成了这个形状：✳。

又过了一段时间，"星"字被赋予了"天堂"的意思，图形被简化成⚒，这就让它变得更像一个难解的谜了。

同样，一头牛从 ♈ 变成了 ⚏。

一条鱼从 𓆟 变成了 𒑊。

太阳，原本只是一个普通的圆圈，后来却变成了 ⌬。今天，如果我们再使用苏美尔文字，我们会让 🜨 看起来像 🝔。

你现在肯定应该明白了，要猜出这些符号的意思有多不容易。可是，一位德国校长格罗特芬德经过坚持不懈的努力终于得到了回报。

在尼布尔的考察报告出版30年，同时也是楔形文字被发现300年之后，四个字母终于被格罗特芬德破译出来了。

这四个字母是D、A、R和SH组合。

它们组成了Darheush国王的名字，我们称他为大流士。

随后，发生了一件事。它出现在整个世界被电报和邮船变成一个大城市之前的那段幸福日子里。

当耐心的欧洲教授们秉烛夜读，试图解开这一亚洲文字之谜时，年轻的亨利·罗林森正作为候补军官在大不列颠的东印度公司[1]里服役。

他利用闲暇时间学习了波斯语。当波斯的夏[2]向英国政府请求借调几名军官去训练他的军队时，罗林森受命前往德黑兰。此后，他游历了整个波斯。一天，他碰巧来到了比希斯顿村庄。波斯人把它称为巴基斯坦纳，意思是"众神

1　1600年，英国政府特许成立的对东南亚从事殖民统治的组织，于1874年解散。——译者注
2　波斯国王的称号。——译者注

的居住地"。

比希斯顿石壁像

数个世纪以前,从美索不达米亚通往伊朗[1]的大道就穿过这个村庄。波斯国王大流士利用那陡峭高耸的悬崖石壁告诉了世人他有多么伟大。

在路两旁高高的石壁上,他刻下了自己的丰功伟绩。

碑文用了波斯语、巴比伦和苏萨的方言。为了让不识字的人也能理解碑文上的故事,他还加上了一幅精致的图画:波斯国王象征胜利地将一只脚踏在反叛者高马塔身上,而这个反叛者曾试图从合法的统治者手里窃走王冠。在相对的地方,还添刻上了高马塔的十几个追随者。作为衬托,他们站在后面,双手被缚,即将被处决受死。

这幅图和三段碑文离路面足有几百英尺高,但罗林森仍然冒着生命危险攀上了石壁,把全部内容都抄录下来。

事实证明,他的发现至关重要。比希斯顿石碑从此和罗塞塔石碑一样名扬世界,罗林森和格罗特芬德分享了破译古老楔形文字的荣誉。

尽管那位德国校长和这位英国军官从未谋面,也从未听过彼此的大名,但是,像所有优秀的科研工作者那样,他们在为了一个共同的目标而齐心协力。

---

1 波斯人早期的家园。——译者注

后来，他们抄录的古老碑文在各地被重印。到19世纪中叶，楔形文字对人们来说（因为那些字母的形状像楔子）已经不再是什么秘密了，人类的又一个谜被解开了。

然而，对于发明这种巧妙书写方式的人，我们却知之甚少。

他们是白种人，被我们叫作苏美尔人。

他们住的地方被我们称为夏默，他们自己则叫它肯基，意思是"芦苇之国"。这表明他们的曾经生活地是美索不达米亚河谷的沼泽地。

起初，苏美尔人是山地居民，只是肥沃的田地诱使他们离开了山地。可是，他们虽然离开了在西亚最高峰的古老家园，却并未放弃原有的习惯，其中的一个习惯让我们特别感兴趣。

他们居住在西亚的最高峰上，习惯了在岩石顶端的祭坛上祭拜自己的神灵。可是，他们的新家周围全都是平坦开阔的平原，没有这样高耸的岩石，因此不可能按照原来的方式建造祭坛。苏美尔人对此很不满意。

所有的亚洲人都很尊重传统。苏美尔人的传统要求他们建一座祭坛，在数英里之外都能清晰可见。

为了克服这种困难，安顿好他们祖先的神灵，苏美尔人最后建起了许多像小山一样的矮塔。他们在塔顶点燃圣火，又开始敬拜那些古老的神灵。

犹太人到达巴布–伊利镇之时（我们称之为巴比伦），已经是最后一个苏美尔人死去许多个世纪之后了。他们对这些形状怪异、高高耸立在美索不达米亚绿色田野中的石塔印象极为深刻，而《圣经·旧约》里所说的巴别塔[1]虽然已经成为一座人造山峰的废墟，但这座数百年前由一群虔诚的苏美尔人所建造的山峰，依然可以称得上是一个奇妙的创举。

苏美尔人当时并不知道怎么修建楼梯。

他们在塔的外围修建了一种倾斜的走道，让人可以慢慢地从塔底走上塔顶。

---

[1] 基督教《圣经》中的故事：诺亚的后代想在巴别建造通天塔，上帝对他的狂妄极其恼怒，于是让建塔的人突然开始用不同的语言，塔因此没有建成。——译者注

巴别塔

因此,几年前,纽约人决定在市中心修建一座可以让数千名旅客能够同时从低层到达高层的新火车站。

使用楼梯是不安全的。一旦发生拥挤或慌乱,人们很可能会跌倒滚落,造成可怕的灾难。

为了解决这一难题,工程师们借用了苏美尔人的这种办法。

大中央车站如今采用的攀升通道也是在3000年前就首次被运用在美索不达米亚平原上了。

第十一章
亚述和巴比伦——伟大的闪语族熔炉

我们常把美国称作"熔炉"。它所代表的意思是许多民族从世界各地涌到了位于大西洋和太平洋两岸间的美国,在这个相对他们的出生国度来说更加适宜的环境中寻找新家园,然后开始新的生活。的确,美索不达米亚比那个新的国家要小得多。但是,缘于肥沃的河谷,它成了这个世界上最为特殊的"熔炉"。在差不多2000年的时间里,它不断地容纳着新的部落,而每一个宣称在底格里斯河和幼发拉底河沿岸拥有家园的民族都有自己生动而有趣的冒险故事。不过,这里我只能用很简短的篇幅给你描述一下那些民族的冒险经历。

我们在上一章里结识的苏美尔人不属于闪语族[1],他们是到达美索不达米亚平原的第一批游牧民族,他们曾经把自己民族的历史刻在了岩石和黏土块上。游牧民族居无定所,不种植谷物、蔬菜。他们住在帐篷里,常常赶着羊群和牛群,从一个牧场迁移到另一个牧场。他们走到哪儿都会带着自己的牧群和帐篷,哪里水丰草美,就在哪里安家落户。

因此,平原上随处可见他们用泥巴搭起的小屋。他们还是优秀的战士,在很长一段时间里,他们抵御住了所有的入侵者,固守住了自己的地盘。

然而在4000年前,闪米特沙漠的一个部落——阿卡德人离开阿拉伯,击败了苏美尔人,最终占领了美索不达米亚。他们最著名的国王名叫萨尔贡。

---

1 属闪含语系,包括古希伯来语、阿拉伯语、阿拉米语、腓尼基语、亚述语和埃塞比亚语系等。——译者注

他打开苏美尔人的版图，教他的人民用苏美尔人的字母书写自己的闪米特语。他是个非常高明的统治者，没过多久，入侵者和当地居民之间的差异就消失了。大家其乐融融，安定和谐地生活在一起。

帝国的盛名迅速传遍了西亚和其他地区。看到这样的成功，其他人也禁不住想碰碰运气。

沙漠游牧民族中有一个新的部落叫亚摩利。他们迅速拆掉了自己的营地，开始向北挺进。

汉谟拉比

此后，两河流域一片混战。直到后来，一位叫汉谟拉比的亚摩利酋长在巴布-伊利城（意思是上帝之门）确立了自己的统治地位，成了大巴布-伊利（或者叫大巴比伦）帝国的最高统治者地位。

汉谟拉比生活在公元前21世纪，他是个非常有趣的人，是他让巴比伦成了古代最重要的城市。在那里，学识渊博的祭司所执行的法典是他们伟大的统治者自己所接受的神谕，是从太阳神那里直接获取的。商人们也都因为受到了公正、荣耀的待遇而越来越热衷于贸易。

如果不是篇幅所限（如果我给你讲全部细节，光汉谟拉比那些法典就能写满整整40页），我真的可以向你证明，这个古巴比伦跟我们许多现代国家相比，在管理的很多方面都更为出色，人们的生活也更幸福快乐，法律和秩序维护得更加认真严谨，人民拥有更多的言论及思想自由。

然而，这个世界从来就不会太完美。很快，一些粗野且嗜杀成性的游牧部落便从北部山区下来，摧毁了汉谟拉比天才般的杰作。

这些新入侵者叫赫梯人。关于赫梯人，我能告诉你们的甚至比苏美尔人还要少。《圣经》里倒是提过他们。赫梯人的文明废墟到处都有。他们使用的是一种奇怪的象形文字[1]，至今还没有人能够破译。赫梯人作为管理者并没有太多的天赋，统治只持续了几年时间便分崩离析了。

1　赫梯语是象形文字和楔形文字的混合体。——译者注

尼尼微

除了一个神秘的名字和毁坏了众多他人千辛万苦得来的成果这之外，他们什么都没有留下。

接着又有一次入侵，性质却大不相同。

这是一个凶猛好斗的沙漠游牧部落，他们以自己伟大的阿舒尔神的名义四处杀戮抢掠。他们从阿拉伯北上，一直来到了美索不达米亚山区，而后又掉头东进，沿幼发拉底河的两岸建起了一座叫作尼努尔城的城市。这个名字如果按希腊文沿袭下来应该叫尼尼微。这些新来者被人们统称为亚述人，他们随即便向美索不达米亚的所有居民发动了一场漫长而残忍的战争。

公元前12世纪，他们发动了摧毁巴比伦王国的第一次进攻。但是，他们在国王蒂格拉斯·皮尔瑟的率领下只取得了第一个胜利便很快被击败，最后被迫返回了自己的国家。

500年后，他们再次开战。这次，极富冒险精神的将军布鲁登上了亚述的王位。他打着老蒂格拉斯·皮尔瑟王的旗号，宣布了他将要征服整个世界的企图。

他果然说到做到。

小亚细亚、亚美尼亚、埃及、阿拉伯北部、波斯西部以及巴比伦最终都变成了亚述人的省份。这些地区由亚述人指派总督进行管理。总督负责征税并强迫所有年轻人到亚述的军队中服役。这些总督贪婪残酷，遭到了许多人的厌恶。

可喜的是，亚述帝国的强盛时期并没有持续多久。它如同一艘桅杆和船帆过多、船身却又过小的船，士兵太多，农夫不足——将军过多，而商人过少。

因此，国王和贵族变得越来越富有，而平民百姓却始终生活在肮脏与贫穷之中。国家一刻也都不得安宁。总会有什么地方爆发战争，总是有人在打仗，百姓早已不再关注战争的原因。经过这样连绵不断而又劳民伤财的征战，亚述族的士兵多半战死或受伤致残。统治者开始考虑征募外族人加入军队。这些外族人对那些凶残成性、曾经捣毁过他们的家园、抢掳过他们的孩子的统治者没有什么好感。因此，他们的战绩很差。

于是，亚述帝国的边境不再安宁。

一些新部落不断地袭击着帝国的北部边境，其中有一个部落叫辛梅里安。辛梅里安人起初住在北部山区以外的辽阔平原上。古希腊的吟游盲诗人荷马在《奥德修斯》中曾经描绘过他们的国家，说那个地方"永远是一马平川"。这个白色种族后来被另外一个亚洲游牧部落——锡西厄人赶出了自己的家园。

锡西厄人是现代哥萨克人的祖先，他们一直以精湛的骑术闻名于世。

辛梅里安人被锡西厄人逼得无奈，只好穿越欧洲，到达亚洲，并在那里征服了赫梯人，占领了他们的土地。随后，他们离开小亚细亚山区，进入美索不达米亚河谷，给亚述帝国一贫如洗的人民带来了更加巨大的灾难。

尼尼微马上开始招募志愿者参加对这场入侵的狙击。当精疲力竭的军团士兵向北挺进时，一场更加急迫而恐怖的危险已经逼近。

多年以来，闪米特族一个叫迦勒底人的小游牧部落一直静静地生活在乌尔国东南部的肥沃山谷中。后来，这些迦勒底人突然披挂上阵，踏上了对亚述人连续不断发动进攻的征途。

四面受敌的亚述国从来就没有从任何一个邻国那里赢得过好感，它注定是要灭亡的。

尼尼微城池很快失守。这个几个世纪以来都在收拢劫掠品的宝库，终于被彻底摧毁了。此时，从波斯湾到尼罗河，每一间窝棚、每一个村庄都满是胜利的欢呼。

尼尼微城被摧毁

几代人之后，希腊人在幼发拉底河驻足。当他们问起这些被灌木和树枝掩盖的大面积废墟是什么时，没有人能回答他们的先辈。

人们很快便忘记了这个城市的名字，即使它曾经那么残酷地压榨过他们的先辈。

与此相反，巴比伦用一种极其不同的方式统治着它的臣民。因此，它获得了新生。

在英明的国王尼布甲尼撒统治的漫长时期，古代的庙宇被重建，巨大的宫殿也在极短的时间内拔地而起。新开挖的运河遍布河谷，能够帮助农民充分地灌溉农田，惹事好斗的人则会受到严厉的惩罚。

于是我们看到，埃及被降成一个边境省份，犹太人的首都耶路撒冷被捣毁了，摩西的《圣书》被带往了巴比伦。几千名犹太人被迫跟随巴比伦国王前往首都做了人质，这样，留在巴勒斯坦的人才肯俯首听命。

巴比伦成了古代七大奇迹之一。

幼发拉底河两岸种满了树木。

城墙上到处是鲜花。几年过后，花繁叶茂，古城的上空仿佛散落了1000个美丽的花园。

迦勒底人把他们的首都装点得美轮美奂之后，便立即投身到了思想与心灵的探索之中。

像所有的沙漠居民一样，他们对星星最感兴趣，认为星星能够在夜间帮助他们安全地穿过杳无人烟的荒漠。

他们还研究天文，命名了黄道十二宫的星象。

迦勒底人

随后他们制作出了星象图，发现了最初的五个行星，并且用他们的神的名字为其命名。后来罗马人将美索不达米亚征服之后，便把迦勒底人的命名译成了拉丁文。因此才有了我们今天分别用朱庇特、维纳斯、马耳斯、墨丘利、萨杜恩来表示木星、金星、火星、水星和土星。

此外，他们还把赤道分为360度，把一天分成24小时，一小时又分为60分钟。迄今为止，没有哪一个现代人能进一步改进古巴比伦人的这项发明。他们没有钟表，只能借助日晷的影子来推测时间。

他们学会了使用十进制和十二进制这两种体系（很可惜，我们今天却只使用十进制体系）。十二进制体系能说明60分钟、60秒钟和24小时的由来，但它看似和我们的现代世界毫无相同之处。如果严格地按照十进制法，一昼夜就会被分成20个小时，一小时会被分成50分钟，一分钟则由50秒组成。

迦勒底人最先认识到固定休息一天的必要性。

他们将一年分为若干星期的时候，就明确规定在六天的劳动之后应该有一天完全用于"心灵安宁"的时间。

令人遗憾的是，这个如此智慧而又勤劳的文明中心也无法永久存在。即使拥有许多英明的君王，他们的天才还是难以挽救古老的美索不达米亚人最终的宿命。

闪语族的世界一天天老去了。

新的民族登上历史舞台的时候到了。

公元前5世纪，印欧语系中的波斯民族（我会在后面讲到）离开了伊朗山区的牧场，而后顺利征服了富饶的两河流域。

巴比伦毫无抵抗力，只能坐以待毙。

巴比伦的末代国王纳巴利德斯关心宗教问题甚于保卫自己的国家。于是，他逃亡了。

几天之后，他留在巴比伦的小儿子去世了。

后来的波斯国王居鲁士厚葬了这个孩子，随后向全国宣布自己是巴比伦原统治者的合法继承人。

美索不达米亚作为一个独立的国家就此结束。

它成了波斯的一个省，一名波斯"萨特内普"（即总督）开始对其进行管理。

至于巴比伦城，当国王们不再将它作为居住地时，它很快便失去了原有的重要性，沦落成了一座普通的村落。

不过在公元前4世纪，它又经历了一段辉煌的时光。

公元前331年，年轻的希腊亚历山大大帝刚刚征服了波斯、印度、埃及以及其他大片地区。随后，他拜访了这个有过辉煌历史的古城。他开始重建宫殿，并下令将庙宇中所有的遗留废物全部清除，以此来炫耀新近获得的荣光。

不幸的是，他十分突然地死在了尼布甲尼撒的宴会大厅里。此后，地球上就再没有人愿意从废墟中挽救巴比伦了。

后来，亚历山大的一位将军塞琉古·尼卡托完成了在底格里斯河和幼发拉底河的大运河河口连接处修建一座新城市的计划，巴比伦城的命运随之结束。

一份公元前275年的古简告诉我们，最后一批巴比伦人被迫离开了他们的家园，搬进了新的聚居地塞琉西亚。

即使是这样，还是会有一些忠实的人前去拜会那座已被狼群占据的圣城。

绝大多数人已经对那些逐渐被人淡忘的昔日神灵没有了兴趣，他们开始更加务实地利用起自己从前的家园。

他们把它用作采石场。

巴比伦在几乎30个世纪里都一直是闪语族世界伟大的精神和智慧中心，有100代人认为这座城市是他们的民族曾经拥有过伟大天才的最卓越最完美的证明。

它就是古代世界的巴黎、伦敦和纽约。

今天，三座巨大的沙石堆提醒着我们废墟的所在地，它被掩埋在了能够侵蚀一切的大漠黄沙之下。

第十二章
这是摩西的故事

在遥远的地平线上空那层远远的、淡淡的薄雾中升起了一小片尘烟。这种景象被正在肥沃的河谷边缘贫瘠的农场里劳作的巴比伦农民看见了。

"看来又有一个部落想要入侵我们的土地,"他自言自语道,"你们不会得逞的。国王的军队会将你们赶走。"

他说对了。守卫边疆的士兵总是对这些新来者拔剑相迎,迫使他们最后只能到别处去碰运气。

于是,他们沿着巴比伦国土的边界向西漫游,最后来到了地中海沿岸。

他们在那里定居下来。放牧畜群,像他们曾经在乌尔的先辈一样开始过简单的生活。

可是接下来的一段时间,天不再下雨,人和牲畜都没有足够的东西可吃了。他们需要寻找新的牧场,否则只能在原地等死。

这些牧羊人(即希伯来人)无奈只好又一次迁徙,在埃及附近的红海沿岸找到了新的家园。

但是腹中的饥饿和物品的匮乏陪伴了他们的整个行程。最后,他们被迫去找埃及官员,向他们乞求食物,解除饥饿。

然而,埃及人很早就做好了应付大饥荒的准备。他们建造了巨大的储粮室,里面囤积了过去七年来盈余的麦子。埃及人指派了一名分粮官,贫富一视同仁,负责将这些麦子公平分配给希伯来人。分粮官叫约瑟,也属于希伯来人部落。

还是个孩子的时候,他便从自己家里逃了出来。据说他逃离家庭是为了避开兄弟们对他的愤怒和嫉妒,因为他是父亲最宠爱的儿子。

约瑟去了埃及,并得到了希克索斯国王的宠爱。刚刚征服了这个国家的希克索斯国王,希望这个聪明的年轻人能够协助他治理新领地。

当那些饥饿的希伯来人出现在约瑟面前发出乞求的哀声时,约瑟立刻便认出了曾经嫉恨过他的亲人。

但他是个慷慨大度的人,灵魂中全然没有卑鄙的复仇念头。

他没有为难那些伤害过他的人,而是分给他们麦子,并准许他们和自己的孩子、牲畜在埃及定居下来,开始快乐的生活。

此后许多年,希伯来人(更多的人称他们犹太人)借居在埃及的东部地区,一切顺利。

直到发生了一个巨大的变故。

一场革命突然爆发,希克索斯王朝的权力被剥夺,犹太人被迫离开了这个国家。埃及人再次占有了自己的国土。他们从来就不太喜欢异族人。300年来受尽了这帮阿拉伯牧羊者的压迫,这让他们对所有异族的憎恨大大增强。

而另一边,犹太人与希克索斯王朝却一直友好相处着,并产生了血缘和种族联姻关系。这足以让他们成了埃及人眼中的国家叛徒。

摩西

然而约瑟已不在人世,人民无从寻求保护。

短暂的较量过后,他们被赶出原来熟悉的家园,离开了这个国家的腹地,开始接受奴隶一般的待遇。

许多年间,他们都像普通劳动力一样干着枯燥乏味的活儿——为修建金字塔搬运石头,为公共建筑造砖烧瓦,修公路,挖运河,将尼罗河水引到了埃及偏远的农场。

他们承受着巨大的痛苦,但从未失去勇气,因此希望离他们越来越近。

其中有一位名叫摩西的年轻人。他非常聪

明，而且受到过良好的教育。因此埃及人觉得他应该担任点儿什么职务，为法老服务。

如果不是有什么事激怒了摩西的话，他可能会一直作为边远地区一个小省份的总督或是税务官平静地度过他的一生。

但是，就像我在前面跟你们讲的那样，埃及人瞧不起那些长相、衣着都不地道的埃及人。他们喜欢侮辱这种人，只因为他们"不一样"。

这些外族人在埃及占少数，因此他们不能很好地保护自己。即使是到法庭上去陈述冤情也没有什么用处，因为对于一个拒绝崇拜埃及神灵、陈述时还带有浓重外国口音的人，法官通常是不会施舍笑脸的。

有一天，摩西正和他的几个埃及朋友一起散步。这时，一位朋友说了一些对犹太人极为不恭的话，甚至还威胁要对他们动武。

摩西是个头脑极易发热的年轻人，于是动手打了这个朋友。

只是出手太重了点儿，那个埃及人倒地便死了。

在埃及，杀死一个本国人是件非常可怕的事情，而且埃及法律也没有《汉穆拉比法典》那么理性。即使那位仁慈的巴比伦国王能够认识到蓄意谋杀和因受到对方侮辱而愤怒得失去理智杀人这两者之间是有所区别的。

于是，摩西逃亡了。

他逃进了祖先的土地，逃进了沿红海东岸的米甸沙漠。几百年前，他所属的部落就曾经在这里放牧过羊群。

然后，一位名叫杰斯罗的好心祭司把他收留在了自己的家里，还把七个女儿中名叫热普拉的女儿嫁给了他。

在那里，摩西住了很长一段时间，也思考了许多严肃而深奥的问题。他已经完全远离了法老宫殿里的奢华和安逸，开始过起了一个沙漠祭司艰难而又简朴的生活。

在犹太人迁移进入埃及之前的古老岁月里，他们也曾游牧在阿拉伯辽阔无边的平原上，住帐篷，吃简单的食物。他们是诚实而忠诚的人，拥有的不多却能知足常乐，并会为他们心灵的正直而感到自豪。

只是在接触了埃及文明之后，所有的一切都改变了。他们开始喜欢埃及人所热衷的舒适生活。他们甘愿另一个民族来统治他们，也不愿意再为自己的独立去斗争。

他们不顾狂风侵袭的沙漠里的古老神灵，只是一味地崇拜安放在黑暗的埃及庙宇里那些光彩黯淡的陌生神像。

摩西感到了自己身上肩负着义不容辞的责任。他应该前去拯救他的人民，帮助他们摆脱目前的命运，并让他们重新认识到昔日那简单的真理。

于是，他派人带信给他的亲属，建议他们离开那块奴役之地，前往沙漠与他会合。

但是埃及人获知了这个消息，他们对犹太人的看管比以前更严了。

摩西的计划似乎是注定要失败的，但就在此时，尼罗河谷突然疾病蔓延。

犹太人一贯遵守着严格的健康戒律（这是他们在沙漠生活的艰苦岁月里学会的），因此，他们逃过了这场灾难。身体比较虚弱的埃及人则成千上万地死去。

静静的死亡之后便是极度的混乱和恐慌。犹太人趁机收拾起他们的行囊物品，匆忙逃离了那个对他们许诺颇多却给予极少的家园。

犹太人的逃亡暴露，埃及人试图派军队追赶他们，但他们的士兵在途中遇上了灾难。犹太人成功逃掉了。

犹太人从此获得了安全和自由。他们向东进入了西奈山（西奈山的名称来源于巴比伦的月神）脚下那片荒芜的土地。

在那里，摩西成为颁布号令的人，并准备在族里进行他伟大的改革。

当时，像其他民族一样，犹太人崇拜很多神。在埃及居住期间，他们甚至学会了崇拜动物。埃及人十分敬重动物，为了求得特殊的利益和庇护，他们甚至为某些动物建造了圣坛。摩西则不然，在阿拉伯半岛的沙丘中度过漫长而又孤单的生活之后，他开始敬畏伟大的雷电与风暴之神的力量和权威，认为是他统治着高高的天穹，而在沙漠中游牧的民族必须依赖他的慈悲才能有光和空气，然后才能生存。

这个神是耶和华。他是个强大的神，西亚所有的闪语族人都无条件地对他心存敬畏。

经过摩西的疏导，他也将成为犹太人唯一的主。

一天，摩西从希伯来人的营地消失了，还带走了两块粗糙的石板。人们议论纷纷，说他是去寻找西奈山最高峰处的僻静之地了。

当天下午，西奈山的山顶看不见了。

它被一场可怕的风暴笼罩在了黑暗里，从人们的视线里隐去了。

但是，等摩西回来，瞧——那石板上刻着耶和华的话。那是耶和华在霹雳雷鸣和耀眼的闪电相辉映时亲口对摩西说的。

从那一刻起，再也没有一个犹太人敢质疑摩西的权威。

当他告诉自己的人民耶和华希望他们继续流浪时，他们便迫不及待地表示服从。

有很多年，犹太人就一直住在杳无人烟的沙漠荒丘中。

他们历尽艰辛，差一点儿就因为缺少水和食物而灭亡。

是摩西让他们一直怀有极高的希望，他答应他们将会得到一块应许之地。对于耶和华的忠实追随者，那应许之地就意味着他们永久的家园。

终于，他们到达了一个比较富庶的地区。

他们带着石版律法越过了约旦河，做好了准备要占据从达恩[1]延伸到比尔谢巴[2]的那片牧场。

而摩西，已经不再是他们的领袖。

他老了，疲惫了。

他在有生之年只能遥望巴勒斯坦的连绵的山脊。在那里，犹太人将找到一个属于自己的祖国。

然后，他永远地闭上了他那双睿智的眼睛。

他达成了他年轻时立下的誓言。

他带领他的人民摆脱了外族的奴役，赢得了真正的自由和独立。

他把他们团结起来，让他们成了世界上第一个只崇拜一个神的民族。

---

[1] 古巴勒斯坦北端的一村庄名。——译者注

[2] 古巴勒斯坦南端的一村庄名。——译者注

第十三章
耶路撒冷——法律之城

巴勒斯坦是叙利亚山脉与碧绿的地中海之间的一条狭长地带。最初的居民是什么时候入住的，我们不得而知，只是给他们取了个名字叫迦南人。

迦南人属于闪语族。他们的祖先和犹太人、巴比伦人一样，都是沙漠居民。但是，当犹太人进入巴勒斯坦的时候，迦南人就已经居住在城镇和村庄里了。他们此时已经从牧羊人变成了商人。而在犹太人的语言里，迦南人和商人也的确是同一个意思。

他们自己建立起了坚固的城池，周围还筑了高墙。犹太人被禁止进入他们的城门，而只能待在空旷的农村，把家建在山谷的绿地上。

可是，一段时间之后，犹太人和迦南人居然成了朋友。其实这并不困难，因为他们本来就同属一个种族。此外，他们还害怕同一个敌人。他们只有将力量联合起来，才能保卫各自的家园，抵御那些危险的非利士人邻居，而非利士人则属于另一个完全不同的种族。

非利士人实际上和亚洲无关。他们属于欧洲人，最早定居在克里特岛。至于他们是什么时候在地中海沿岸定居下来的，我们不是十分确定。我们不知道印欧语系的入侵者是什么时候把他们赶出家园的。不过我们知道，即使埃及人也十分惧怕他们。当非利士人（他们头上戴着一种羽毛饰品，就像北美的印第安人一样）开始征战时，西亚所有的民族都会派出大批军队来保卫他们的前线。

至于非利士人和犹太人之间的战争，则从来就没有停歇过。因为尽管大卫[1]杀掉了利士族巨人歌利亚[2]，尽管参孙[3]在大衮[4]神庙里与敌人同归于尽前杀死了大批的非利士人，非利士人总还是能证明犹太人并非他们的对手，他们也从未允许希伯来人夺取过任何一个地中海港口。

犹太人因此被迫屈从了命运，只得在东巴勒斯坦的河谷中安下身来，在一座贫瘠的山巅上建立起了自己的首都。

这座都城就是耶路撒冷。30个世纪以来，它一直是西方世界的一大圣地。

耶路撒冷

在那些遥远而不为人知的黯淡岁月里，耶路撒冷这座和平的家园曾经是埃及人的一个小前哨基地。埃及人沿着巴勒斯坦山脊建造了许多小型的防御工事和城堡，用以保护他们的边疆免受来自东面的攻击。

埃及帝国覆灭之后，一个当地的部族耶布斯特人曾经搬进过这座被遗弃的小城。后来，经过长期的战争，犹太人夺取了这座城镇，并把它变成了国王大卫的居住地。

多年的漂泊之后，神圣的律法似乎终于到达了一个可以永久安歇的地方。智慧的所罗门王决定为律法修建一座辉煌的庙宇。他派出使者遍游世界，广泛地搜罗稀有的木材和珍贵的金属。一时间，全国的财富都被要求奉献出来，以

---

1 古以色列国国王，建立起统一的以色列王国，定都耶路撒冷。据《圣经》记载，系犹太人的祖先。——译者注

2 歌利亚身穿一件在当时可谓是珍品的铠甲，毫无疑问是从塞浦路斯岛运进的，那里曾发现有古代的铜矿。——译者注

3 古犹太人的领袖之一，以身强力壮而著称。——译者注

4 《圣经·旧约》中非利士人的主神，上半身是人，下半身是鱼。——译者注

保证这座上帝的殿堂能够真正配得上它的圣名。于是，庙宇的墙壁越修越高，以便千秋万代护卫耶和华神圣的律法。

可惜呀，期盼中的永恒往往转瞬即逝。本来就是入侵者的他们，又置身于邻国的敌意之中，受到四面之敌的包围。加上非利士人对其威胁有加，犹太人的独立没能维持多久。

尽管犹太人聪明、勇敢，但是这个本就很小的国家不断地被嫉妒和争执削弱，因此给亚述人、埃及人、迦勒底人留下了征服它的机会。公元前586年，巴比伦国王尼布甲尼撒夺取了耶路撒冷，摧毁了那座庙宇和整座城市，石版律法也在大火中被焚毁。

虽然犹太人立即重建了他们神圣的圣殿，但是，所罗门的光辉岁月已成历史。犹太人现在成了异族人的臣民，财力不足。因此，他们花了70年时间才重新建成了那座古老的殿堂。它安静地矗立在那里300年。可是后来，第二次入侵发生了，燃烧在庙宇中的火焰再次映红了巴勒斯坦的上空。

第三次重建的时候，犹太人竖起了两道高高的围墙，墙上留有窄窄的小门。此外还添加了几进内院，以便抵御将来可能发生的任何突然入侵。

但厄运总是缠绕着这座城市。

公元前65年，罗马人在将军庞培的率领下攻占了犹太人的首都。罗马人崇尚实用，他们厌恶这座古城里曲曲弯弯而又黑暗狭窄的街道以及许多不卫生的胡同小巷。于是，他们清掉了这些古老的"垃圾"（至少他们是这么认为的），建起了新的营房、大型公共建筑、游泳池以及竞技场；他们还将这些现代化的先进设施强加给了那些并不乐意接受的民众。

而那座没有实用价值的庙宇（罗马人的看法）遭到了彻底的冷遇。这种情况一直持续到希律统治时期。希律承蒙罗马宝剑的庇佑当上了犹太人的国王，野心勃勃地想再现那逝去的光辉岁月。被压迫已久的人们不情愿地遵从了这位并非他们自己选出来的统治者，开始修复神庙。

当人们把神庙最后一块石头摆正放好的时候，又爆发了一场反对残酷无情的罗马征税者的革命。神庙在这场动荡中成了首当其冲的牺牲品。提图斯皇帝的士兵在这古老的犹太信仰地的中心放了一把大火，还好，耶路撒冷这次幸免于难。

巴勒斯坦却继续动荡不安。

罗马人对各个民族都十分熟悉，在他们统治的国家中，受到崇拜的神灵多达1000种。可是，他们却不知道该如何对付这些犹太人。他们丝毫摸不清犹太人的性格，而罗马人之所以能建立起异常成功的帝国，就源于他们的极度忍耐（也可以说是源于漠不关心）。罗马的总督从不插手下属部族的宗教信仰。他们只要求边远地区的人民要在他们的庙宇中放置一尊罗马皇帝的画像或者雕塑。这不过是一种形式，并没有多少深远的意义。但对犹太人来说，这完全是对神的大不恭敬。他们才不愿意一个罗马君主的雕像亵渎了他们至神至圣的神。

因此，犹太人拒绝了。

罗马人却固执己见。

其实这件事本身并没有多大的意义，但久而久之，总会加深彼此的误解，从而引发双方进一步的厌恶。上一次暴乱过后52年，提图斯皇帝统治下的犹太人再次发生反叛。这一次，罗马人下定决心要彻底将这座城市摧毁。

耶路撒冷被摧毁了。

神庙被焚烧成了一片废墟。

后来，一座新的罗马城市——阿利亚·坎贝多利那——在这座所罗门古城的废墟上拔地而起了。

在信徒们近千年来一直膜拜耶和华的地方，崇拜朱庇特的异教徒又为他们自己矗立起了一座神庙。

犹太人则被逐出他们的首都，数千人被迫远离了他们祖先留下的家园。

从那时起，他们便成了地球上的漂泊者。

但是，他们那神圣的律法已经不再需要王室圣坛的庄严庇护。

它的影响已经远远超出了犹太人那片狭小的领土限制。只要还有诚实的人们渴望正直的生活，它就能成为正义本身活的象征。

第十四章
大马士革——贸易之城

埃及那些古老的城市早就已经从地球上消失了。尼尼微和巴比伦已经变成了废弃的沙丘，堆积着尘土和砖块。昔日荣耀无比的耶路撒冷的古神庙也被掩埋在了凋敝的废墟之下。

只有一座城市历经沧桑，幸存下来。

它就是大马士革。

5000年来，在那四扇巨大的城门和牢固的城墙内，一个忙碌的民族日复一日地重复着寻常的劳作生活。它所在的那条直街是城市主要的商业动脉，它目睹了150代人在这里来来往往。

谦卑的大马士革起初只是亚摩利人的一个边防小镇，而亚摩利人这个著名的沙漠民族曾经孕育了伟大的汉谟拉比国王。当亚摩利人已经向东进入美索不达米亚河谷建立巴比伦王国的时候，大马士革还只是个用以和居住在小亚细亚山区的野蛮的赫梯人进行贸易往来的中转站。

追溯历史，它最早的居民是被另一支闪语族部落阿拉姆人同化的。虽然历经变迁，城市本身的性质并没有改变，依然是一个重要的商业中心。

它位于从埃及到美索不达米亚的主干道上，距离地中海沿岸的港口只要一周的行程。它没有产生过任何伟大的将军、政治家和著名的国王，也没有征服过一寸邻国的土地。它只是和全世界进行贸易往来，给商人和手艺人提供安全的住所。它的语言能被西亚大部地区所使用纯属偶然。

商业总是要求能在不同的国家之间快速而有效地建立起联系。古苏美尔人精致的楔形文字对阿拉姆的生意人来说太麻烦了。于是，他们发明了一种新的字母表，写起来要比巴比伦古老的楔形文字快很多。

当然，阿拉姆人的口语也随着他们的商业信函一起被普遍使用。

最后，阿拉姆语成了古代世界通用的英语。在美索不达米亚的绝大部分地区，阿拉姆语和本地语一样易懂。在有些国家，它甚至取代了原先的部落土语。

耶稣布道的时候，也没有使用摩西为他的追随者们解释律法时所使用的古犹太语。

他讲的同样是阿拉姆语。那起初是商人的语言，而此刻已经被古老的地中海地区那些淳朴的广大民众所使用。

第十五章
航海越过地平线的腓尼基人

先驱者是勇敢的,好奇心给了他勇气。

或许他就曾经住在一座高山的山脚下。

成百上千的人也住在那里。他们安居乐业,对高山视而不见。

然而先驱者开始不悦。他想知道这座山到底隐藏了多少秘密。山背后还是山吗?抑或是平原?它那陡峭的山崖是在大海的碧波中陡然耸立,还是向下俯瞰着一片沙漠?

在一个晴朗的日子,这位好奇的先驱离开了他的亲人和他安全舒适的家,寻找答案去了。也许他会再回来,把他的经历告诉给那些对此漠不关心的亲戚。也许他会死于一块滚落的岩石,或在一场凶险莫测的暴风雪中遇难。那样的话,他就再也回不来了。那些好心的邻居会摇着头说:"他真是死得其所。为什么不像我们一样乖乖待在家里呢?"

但世界需要他这样的人。在他们死后多年,后人一旦从他们的发现中获益,便总会为其塑一尊雕像,顺便再刻上恰如其分的墓志铭。

在这个年代,人们认为比最高的山峰还要可怕的是那淡淡的、遥远的地平线。它似乎就是世界尽头的代名词。真希望上苍能对那些穿越了水天相接、绝望与死亡交汇地的人们施以仁慈!

于是,人类在建造了第一艘笨拙的船之后,世世代代便都满足于在远离地平线的地方活动,只肯待在视野熟悉的海岸线之内。

只是后来,出现了无所畏惧的腓尼基人。他们勇敢地驶出了视野之外的海域。令人生畏的大海一下子成了商贸往来的和平高速通道，地平线耸人听闻的危险不攻自破。

这些腓尼基的航海者也是闪米特人。他们的祖先曾经和巴比伦人、犹太人以及其他一些民族一起生活在阿拉伯的沙漠里。但是，当犹太人占据巴勒斯坦时，腓尼基人的城市已经过了许多个世纪的沧桑，变得很古老了。

腓尼基人有两个贸易中心。一个叫推罗，另一个叫赛伊达。它们都建在高高的山崖之上，据说这样就可以躲避敌人的占领。为了美索不达米亚人的共同利益，他们的船只四处出航，负责收集地中海的产品。

腓尼基人

一开始，水手们只航行到遥远的法国和西班牙海岸，和当地人进行物物交换之后便带着谷物和金属匆匆回家。后来，他们开始沿西班牙、意大利、希腊海岸以及遥远的西西里群岛修建众多设防的贸易站。这期间他们还在西西里群岛发现了贵重的锡。

对于欧洲那些尚未开化的野蛮人来说，这样的贸易站简直就是一个个美妙而奢华的梦幻。他们渴望住得更近一些，以亲睹大批航船高悬船帆驶进海港时的壮观场面。这些船只满载着从遥不可知的东方运回来的令人心驰神往的货物。慢慢地，他们离开了自己的棚屋，在腓尼基人的城堡四周搭起了许多小木房。由此，贸易站成了周围邻近地区所有人都光顾的大市场。

今天，马赛和加的斯这样的大城市都会自豪与腓尼基人的渊源。但是，两千余年来，腓尼基人古时的母亲城——推罗和赛伊达，已经沉寂并被人们淡忘了。至于那引以为豪的腓尼基人，更是无一幸存。

这个命运很悲惨，但也合情合理。

腓尼基人没费多大劲儿就富了起来，因此他们不知道如何智慧地使用自己的财富。他们从来不关心

遥远的地平线

书本和学习，他们的眼中只有钱。

他们从世界各地买来奴隶，强迫外国移民在他们的工厂里干活。一有机会他们就欺骗邻居，因此，他们遭到了地中海地区其他所有民族的一致厌恶。

他们的确可以称得上是勇敢而强壮的航海者，但是，当他们需要在诚实的贸易和眼前的利润之间进行选择的时候，他们总是怯懦而猥琐，最后总会通过欺诈和奸猾精明的手段追逐眼前的那些利润。

可是，只要他们一直是这世界上唯一能操纵大船的航海者，所有的其他国家就必须一直倚赖他们的服务。一旦其他人也掌握了操纵舵和帆的方法，爱耍弄诡计的腓尼基商人就会立刻被摆脱。

从那时起，推罗和赛伊达便失去了它们对亚洲商业的控制权。它们可从来没有鼓励过艺术或科学的发展。它们只知道在七大海域里航行探险，然后把它们的冒险变成有利可图的投资。然而，没有哪一个国家能够仅仅靠物质财富就能安全永固。

腓尼基的国土只是一间没有灵魂的账房。

它的灭亡是因为它把装满了财宝的箱子当成了公民自豪感的最高理想。

第十六章
字母伴随贸易

我已经告诉过你埃及人是如何利用小图形书写语言的，我也描述过了那些楔形符号，那是美索不达米亚人在国内外做生意时所使用的便利方式。

那我们现在使用的字母表是怎么回事呢？这些小巧的字母伴随着我们的一生，从出生证明上的日期到讣告上的最后一个字。它们是什么时候出现的呢？它们到底是埃及语、巴比伦语、阿拉姆语，还是别的什么完全不同的东西呢？其实，它什么语都包括一点儿，下面我就来告诉你。

如果要记录我们的语言，现代的英文字母表并不是那么令人满意。将来有一天，应该会有一位天才发明一套新的书写体系，把我们发出的每一个音都标记成一个小图形。但是，尽管有那么多不完善的地方，现代字母表中的字母还是清晰而全面地履行了它们的日常职责，包括它们那极其精细准确的数字表。数字是从遥远的印度传入欧洲的，它们比字母表的首次传入几乎晚了10个世纪。这些字母最早的历史对人们来说是个深不可测的谜，要解开它，还需要许多年艰苦而细致的探索。

不过有一点我们很清楚——字母表不是由哪个聪明的年轻书法家灵机一动发明的。它是许多古老的、更为复杂的体系经过数百年的发展慢慢演化而来。

上一章我跟你们讲过，聪明的阿拉姆商人所用的语言作为一种国际交流手段传遍了整个西亚，而腓尼基人的语言在他们的邻国中从来都不受欢迎。除了个别的几个词，我们甚至不知道那是种什么样的语言。然而，他们的书写体系却在辽阔的地中海地区的每一个角落传递着，每一个腓尼基人的殖民地也都成了促使它进一步传播的中心。

腓尼基人没做任何努力去推动艺术或科学的发展，却实实在在地发明了如此简洁、方便的书写体系。相比之下，其他许多更优秀的民族却忠实地恪守着自己古老而又笨拙的涂画方式，这其中的缘由还有待进一步去了解。

不难看出，腓尼基人是极其讲求实际的商人。他们不会到国外去欣赏风景。他们踏上危险的航程奔赴欧洲的偏远地区和更遥远的非洲地区，为的只是寻找财富。因此，在推罗和赛伊达城，时间就是金钱。用象形文字或者苏美尔语言书写商业文件就意味着浪费极为有用的时间，与其在文书上忙碌，不如节约时间去跑趟有利可图的差事。

现代商业世界认为老式的听写方式对于繁忙的现代生活来说太慢了，于是，一个聪明人发明了一种简单的由点和划构成的语言体系。它记录口语的速度，就像猎狗追野兔一样快。

这个体系被我们称为"速记"。

腓尼基商人就是这么做的。

他们从埃及象形文字中借用了一些图形，同时简化了巴比伦人的楔形文字。

为了追求速度，他们舍弃了原来体系中那些漂亮的图形，把古代的上千个图形文字缩减成了只包含22个字母的简短而便捷的字母表，而后他们先在国内对其进行了试用，成功之后，又将其传播到了国外。

对于埃及人和巴比伦人来说，书写是一件非常严肃的事——甚至近乎神圣。人们曾经提出过许多文字书写的改进意见，但无一例外地都被推翻了。理由是这些改进会亵渎神灵。于是，当别人失败时，对虔诚不感兴趣的腓尼基人获得了意料中的成功。虽然他们没能把字母表引入美索不达米亚和埃及，但对于那些对文字一无所知的地中海地区人民来说，腓尼基人的字母表的确取得了巨大的成功。在那片辽阔海洋的每一个角落，我们都可以发现镌刻着腓尼基文的花瓶、圆柱，甚至废墟。

属于印欧语系的希腊人在移居到爱琴海诸岛上之后，立即把这种外国的字母表应用到了他们自己的语言里。属于闪语系的腓尼基人对有些希腊语闻所未闻，需要有与之相对应的书写字母。于是希腊人发明了这些字母，并与其他字母加到了一起。

希腊人并没有就此止步。

他们随后改进了整个书写系统。

古代亚洲人的所有书写体系都有一个共同点——辅音不断地重复，读者得被迫猜测省略掉的元音。

其实这也没有看起来的那么难。

美国的报纸杂志就经常在广告和通知中省略元音。新闻记者和电报员同样也喜欢发明他们自己的语言，他们删掉了所有多余的元音，只用必要的辅音组成了文字框架。只有当全文被重新整理时，他们才会再把元音加进去。

然而，这种不完善的书写方式永远都不会被普及。希腊人凭借他们的次序感，增添了许多额外的符号，能够重复写下a、e、i、o、u这些声音。这样一来，他们就拥有了一个几乎可以书写任何语言记录任何事件的万能字母表。

公元前5世纪，这些字母越过亚得里亚海，从雅典传到了罗马。

罗马士兵把它们带到了西欧最偏远的角落，并教会了我们的祖先使用这种小小的腓尼基文字符号。

12个世纪之后，拜占庭的传教士又把字母表带到了黑色的俄罗斯平原那块荒蛮之地上。

今天，全世界已经有超过一半的人在利用这个亚洲字母表记录他们的思想，保存他们的知识，造福一代又一代的子孙。

第十七章
古代世界的终结

到目前为止的叙述都表明，古代人类的历史一直是辉煌的。在尼罗河两岸，在美索不达米亚平原，沿地中海的海岸，英明的统治者建立了卓越的功勋，取得了伟大的成就。这是有史以来人类第一次抛弃动物般的流浪生活，为自己建造房屋、村庄以及庞大的城市。

此外，人类建立了国家，并且学会了建筑以及驾快船航海的技术。

他探索了天体星空，从自己的灵魂深处发现了伟大的道德律令，这让他与崇拜的神明更亲近了。他还为我们进一步探索知识、科学、艺术，以及生命里除了寻找食物和居所之外更高尚的东西奠定了良好的基础。

最重要的是，他设计发明了一套记录声音的系统，并且将其传给了自己的子孙后代。这让他们能够从祖先的经验中获益，积累足够多的知识，以便成为真正能掌控自然力量的主人。

当然，除了这许多的优点，古人也有一个很大的缺点。

他容易被传统禁锢。

他的疑问总是太少。

他常常会这么想："我的父亲之前就是这么干的，我祖父在我父亲之前也是这么干的。他们都活得很好，那么这么做对我来说也应该不错，我不用做什么改变。"可是他忘记了，安于现状决不会帮助我们超过那些普通的动物。

很久以前，一定出现了一位天才，他拒绝再借助他那长长的、卷曲的尾巴从一棵树荡到另一棵树上（在他之前所有的人都这样做）。于是，他开始尝试用脚走路。

但是后来的古人看不清这个事实，他们继续使用最早的祖先所留下来的木犁，继续信仰一万年前被崇拜的同一个神，并且还教他们的孩子也这样做。

他没有前进，反而保持原地不动。这很致命。

随后，一个更加生机勃勃的新种族出现在了地平线上。古代世界注定要走向灭亡。

我们称这些新兴人类为印欧人。他们是白种人，所用的语言是所有欧洲语言的共同始祖，当然这其中要排除匈牙利语、荷兰语、西班牙北部的巴斯克语。

他们被人们发现时已经在里海沿岸居住了许多个世纪。但是有一天（其原因我们并不知道），他们将全部物品放在了训练有素的马匹背上，决定赶着他们的牛羊狗畜，四处漫游，去寻找食物和遥远的幸福。他们中的一些人后来进入了中亚的山脉，一直居住在伊朗高原的峰顶上，从此被称作伊朗人或者雅利安人。另一些人则缓慢地朝着落日的方向行进，最终占据了西欧的辽阔平原。

他们和本书一开始就出现的史前人类一样几乎没有开化。但他们是个吃苦耐劳的种族，同时也是优秀的战士，因此，他们没有耗费丝毫的力气便占领了尚处于石器时代的人类猎场和牧场。

他们虽然非常无知，但感谢命运的垂青，他们的好奇心极其强烈。地中海的商人带给了他们古代世界的智慧，于是，他们很快就发展了自己的文明。

他们把埃及、巴比伦和迦勒底的古老文明当作踏板，用来向更高、更好的目标攀登。这样的"传统"对他们来说毫无意义，只有宇宙才是他们要去探索和开发的最高目标。

因此，用全部经验来敏锐地检验人类智慧，才是他们的真正职责。

他们很快便跨越了古代世界无法逾越的界

殖民地

限——一种精神性的山峰。而后，他们背离了原来的主人，在很短的时间内，用一种新的、充满生机的文明取代了亚洲古国那过时的文明结构。

关于这些印欧人及其独特的历险经验，我会在《人类的故事》中详细描述。那本书会带给你希腊人、罗马人以及世界其他种族的故事。

第十八章 与古代人类有关的一些年代

关于史前人类,我无法给你提供确凿的年代。那些出现在本书前面章节里的早期欧洲人,其活动的时代大约是在5万年前。

埃及人

公元前40世纪,尼罗河谷最早的文明产生。

公元前3400年,古埃及帝国建立,首都为孟菲斯。

公元前2800年—公元前2700年,大金字塔建成。

公元前2000年,古埃及帝国被阿拉伯游牧部落希克索斯人所灭。

公元前1800年,埃及被解救出来,底比斯成了新埃及帝国的中心。

公元前1350年,拉美西斯国王征服了东亚。

公元前1300年,犹太人离开埃及。

公元前1000年,埃及开始衰落。

公元前700年,埃及成为亚述人的一个省。

公元前650年,埃及重新获得独立,一个新的国家成立,其首都塞艺印坐落在尼罗河的三角洲地区。异族人,以希腊人为主,开始控制这个国家。

公元前525年,埃及成为波斯的一个省。

公元前300年,埃及成为一个独立的王国,由亚历山大大帝的一位将军托勒密所统治。

公元前30年,托勒密王朝的最后一位女王克娄巴特拉自杀,埃及沦为罗马帝国的一部分。

犹太人

公元前2000年，底比斯的亚伯拉罕离开巴比伦东部的乌尔，在西亚寻找到新的家园。

公元前1500年，犹太人占领了埃及人的歌姗地。

公元前1300年，摩西率领犹太人离开埃及，并赋予他们神的律法。

公元前1250年，犹太人越过约旦河，占领了巴勒斯坦。

公元前1055年，扫罗成为犹太人的国王。

公元前1025年，大卫成为犹太国的国王。

公元前1000年，所罗门建成了耶路撒冷大神庙。

公元前950年，犹太国分裂为两个王国，分别是犹大王国和以色列。

公元前900年—公元前600年，伟大的先知者时代。

公元前722年，亚述人征服了巴勒斯坦。

公元前586年，尼布甲尼撒征服巴勒斯坦，大批犹太人被俘至巴比伦。

公元前537年，波斯国王居鲁士允许犹太人返回巴勒斯坦。

公元前167年—公元前130年，在马加比家族统治下的犹太人的最后独立时期。

公元前63年，庞培使巴勒斯坦成为罗马帝国的一个部分。

公元前40年，犹太人建立希律王朝。

公元70年，提图斯皇帝摧毁了耶路撒冷。

美索不达米亚

公元前4000年，苏美尔人占据了底格里斯河和幼发拉底河之间的土地。

公元前2200年，巴比伦国王汉谟拉比颁布了著名的《汉穆拉比法典》。

公元前1900年，亚述王朝开始，首都为尼尼微。

公元前950年—公元前650年，亚述人成为西亚的统治者。

公元前700年，亚述人的统治者萨尔贡征服了巴勒斯坦、埃及和阿拉伯。

公元前640年，米堤亚人反抗亚述人的统治。

公元前530年，锡西厄人进攻亚述。亚述王国纷乱四起。

公元前608年，尼尼微被摧毁。亚述从地图上消失。

公元前608年—公元前538年，迦勒底人重建了巴比伦王国。

公元前604年—公元前561年，尼布甲尼撒捣毁耶路撒冷，征服了腓尼基，巴比伦成为文明的中心。

波斯祭坛

公元前538年，美索不达米亚成为波斯的一个省。

公元前330年，亚历山大大帝征服了美索不达米亚。

腓尼基人

公元前1500年—公元前1200年，赛伊达城成为腓尼基主要的贸易中心。

公元前1100年—公元前950年，推罗成为腓尼基的商业中心。

公元前1000年—公元前600年，腓尼基殖民帝国的发展时期。

公元前850年，迦太基建国。

公元前586年—公元前573年，尼布甲尼撒军队围攻推罗城。推罗被摧毁。

公元前538年，腓尼基成为波斯的一个省。

公元前60年，腓尼基成为罗马帝国的一部分。

波斯人

印欧语系的人进入欧洲和印度的时间不详。

公元前650年，印欧语系的米堤尔人沿巴比伦东部的边界建立了自己的国家。

公元前550年—公元前330年，波斯王国建立。印欧语系人和闪语族人的斗争开始。

公元前525年，波斯国王冈比斯占领了埃及。

公元前520年—公元前485年，波斯国王大流士的统治时期。他征服了巴比伦并举兵进攻希腊。

公元前458年—公元前465年，薛西斯国王统治时期。他试图统治东欧，但最终失败了。

公元前330年，希腊人亚历山大大帝征服了西亚所有地区，埃及和波斯成了希腊的一个省。

由闪语族人统治的古代世界几乎持续了40个世纪。公元前4世纪，它寿终正寝。

对于那些在遥不可知的年代占据了欧洲的印欧语系人来说，西亚和埃及都曾经是他们的老师。

公元前4世纪，这些印欧语系人已经远远超过他们的老师，具备了征服整个世界的能力。

公元前330年，亚历山大大帝闻名遐迩的远征结束了埃及和美索不达米亚文明，确立了希腊（即欧洲）文明至上的时代。

发明的故事

文明简史

房龙写给读者的话

开天辟地之时,万物皆简朴。宇宙的中心是地球,广阔而美丽的蓝色透明穹隆是天空。

夜晚时分,那刺破穹隆俯视人间的小天使,是一颗颗美丽的星星。

然而,突然有一天,一个勇敢的人带着简易的望远镜,爬上了塔的顶端,开始了对天空长时间的细心观察。

从此以后,问题就来了。

首先是太阳取代地球变成了宇宙的中心。接着他又发现,我们引以为傲的太阳系其实只是宇宙这项神秘的巨大工程中微不足道的一分子,而非从前所认为的全部。宇宙是另一项更神秘更巨大的计划中一个微小的部分,而这个巨大的计划也已经被模糊地界定为银河系中一个无足轻重的偏僻角落。

这些惊世骇俗的新发现不仅在神学家那里引起了极大的混乱,还直接导致了数学家和天文学家们的思维紊乱。长久以来,他们已经习惯了以千米和英里为单位,来测量地球与月球以及地球与最近的行星之间的距离。

然而现在,当著名的"宇宙"老人的影响力出人意料地比一本东方圣书中的一章更显赫

万能的人

时，当越来越多的证据显示有更巨大的星球存在，甚至大到可以轻而易举便容纳我们太阳系的大部分时，当我们的祖先用于简单计算的单位从零增加到了万亿、万万亿时，人们意识到，如果不想让天文学家在伏案计算时磨破臂肘，就必须变换一种新的几何标准。

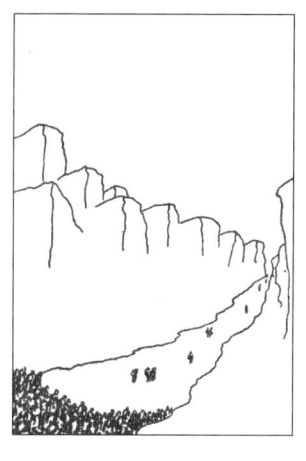

进程

出于这个目的，人们制定了所谓的"天文单位"，即929万英里，它代表了地球轨道的半径。只要人们的测量目标离地球不是太远，它都可以算是个足够方便的尺码。

可是，一旦要在真正的星球之间进行测量（指那些与我们相邻的小伙伴相比更大的星球），这样的天文单位就变得无足轻重了。此时，就需要一个比微不足道的929万英里更大的单位。

当时，阿尔伯特·麦奇逊正在进行光学试验，他已经成功计算出了光的射线。（当然，"光的射线"子虚乌有、之所以用这个词，是因为在我们能够用科学时代的术语进行思考之前，我们仍然会一直处在浪漫时代的诗歌术语阶段。）正如我所说的，麦奇逊已经发现光是一种以每秒299820千米的速度运动的物质，这让人们获取了一种极为清晰的概念。一分钟是60秒，一小时是60分钟，一天是24小时，一年是365天，通过乘法计算，他得出的结论是，光每年行走的路程是10.4186234万亿千米。后来，人们把这个距离叫作"光年"，把它用作现代天文学的测量尺度。

起初，人们为此而高兴。因为在"光年"之前，人们就只能用2.5万亿英里来介绍最邻近的星体半人马座与我们的距离。而现在，人们大可以轻松地说："半人马座？离我们也就4.35光年。这距离实在太近了，好像都可以进行一次惬意的旅行了！"

但是，从古至今，天文学家对距离的欲望就不曾有止境。他们发现，在2万或3万"光年"的地方又出现了一些漂亮的小行星轨道，然后迅速地对星云发起了猛烈的冲击。那些发光的小黑点能够让我们联想起显微镜下的微生物，而据他们推算，其中某些星体与我们之间的距离在200—300万光年之间。

这样，连"光年"都成了小得可怜的天文单位。

谁能为我们提供更好的计算单位呢？

至此我所说的，既不是出于狭隘，向人们卖弄我的学识，也不是为了炫耀我那种能够用分期付款的方式获得《大英百科全书》的幸运。我在恒久的时光乐器上拨动这几根琴弦，只是想为本书的论述埋下一些伏笔。

一些人认为，当地球被强行剥夺了作为"宇宙中心"的荣耀地位时，人也将会从自直立行走以来就确立的傲慢自大而受尊敬的位置上跌落下来。宇宙由成千上万的星云团所组成，每个星云团的面积都大于数百万平方光年。与此相比，人显得无比渺小。因此，他们无法再继续吹嘘自己那神圣的源泉，而是开始意识到自己不过是一种比较聪明的动物而已。

然而没过多久，人们便发现，在自己的世界观中发生如此翻天覆地的变化着实让人难以接受。对于人类个体而言，后院失火远比红色的安特利斯火山的灾难性爆发更重要（这座火山的直径长达6.4亿公里），而自己汽车的汽缸发出异常声响也要比贝特古斯（因巨大的重量和体积而跻身宇宙的一颗恒星）即将陨落的谣传更能引起人们的关注。不要忘记，从那令人敬畏的智慧之口所讲述出来的即将来临的人类竞争之理，远比月亮老人见到她久未团聚的五姐妹更容易让人理解深刻，也更让人难以忘却。

事情或许就是这样吧。

当天文学家竭力延伸和扩展他们的宇宙研究，离极限越来越近的时候，另一些科学家正开始着手研究原子，对这种不幸的小东西不断地进行分裂。最后，他们发现，在仅有的10—14毫米无限小的粒子世界里，粒子们神气十足地做着极其有规则的运动，演示着短暂的平衡与反平衡奇迹。一般的头脑，即使是经过令人眩晕的转动，进入了神志不清的状态，也难以相信这类事情的可能性，兴许会把它当作是发疯。

或许人类应该继续保持宇宙中心的地位，至少，应该到其自身有能力理解这个宇宙的那天。

然而，以上的这些发现多多少少影响了人们对生活的态度。在本书中，你即将见到的英雄与古代的族长有着天壤之别。在族长看来，他一旦被任命为首领，一切的创造物就都得对他俯首称臣。他可以随意杀死、掠夺、残害所有动物王国的邻居，宇宙只是为了迎合他的欲望、供应他多方面的需要而存在，除此之外，别无意义。

人类既是万物的开端，也是万物的终结（这是一种流传了数千年的说法）。但人却在内心深处开始产生怀疑，他们猜想世界或许是循环的，数百万年前的时空与今天以及数十亿年后的时空有着惊人的相似之处。

在所有的生物中，人类应该是最完美的。在太空中，有数亿个星球陪伴着人类的航行。如果在其中发现了某些与人类发展程度类似的生命，他们才可能会改变这种判断。

简而言之，经历了几千年的迂回曲折，人类再一次回忆起了那语言优美、富有生活哲理而又具有经典意义的高尚理想："人类不是宇宙的附属物，而是相对独立的。宇宙对于我们是外在的，丝毫不值得我们关注。"

人类与生俱来具有近似神圣特权的好奇心的。基于人类的研究权利，本书中的英雄们会涉猎每个角落，探索每个领域，在人类力所能及的范围内，尽可能地寻找各种现象背后隐含的意义。这种探索不带有对任何人和事的崇拜，它会让那些作为我们未来发展基石的已知真理的界限不断地被突破。

如果人类可以证明他们的研究是成功的，就完全可以谦逊地昭示天下。如果他对众多难题感到困惑，也应该无愧地承认失败，然后让位于他人。

他应该积极向上，耐心、克制而有幽默感。他应该不断地向未知王国推进，除非他心甘情愿地把从短暂的时空中借来的微小能量挪作他用。他明白，生与死仅仅是表达不同而已。它们的本质是一致的。在这个世界上，除了个人挑战未知世界的勇气，其他一文不值。

我知道，所有的这些听起来是那么复杂。

但是，如果你慢慢品味，并尝试多读几遍，就一定能收到事半功倍的效果。

那些认为这项工作太繁重的人，最好就此打住。因为他们很快便会心烦意乱，无法理解本书的内容以及我的写作目的。对于他们来说，看电影会是个更好的选择，这会让时间过得更有意义。

相反，对于那些已经猜测到我为什么写此书的人，我也就没必要再多说什么。他们将理解我不可能解决所有的问题，而我已经非常努力地尝试说清楚事情的发生方式，这碰巧是事情发生的唯一方式。

总而言之，因为有无数的开拓者坚定而无私的奉献，伟大的传递工作才得以顺利完成。

一些读者可能怀疑我会在本书中为那些开拓者高唱赞歌。

我要说，他们的怀疑是对的。

因为这正是我写作本书的主要原因。

亨德里克·威廉·房龙

1928年8月31日

第一章
人——发明者

在一个晴朗的日子,一颗小小的尘埃微粒游离了它的原始母体——太阳,开始了孤独的行程。

由于它对于整个恒星家族来说太无足轻重了,因此,它的举动并没有引起天庭的轩然大波。那些在宇宙中远近不一的年长星体,谁也不会注意到这个小兄弟的到来,除非这些星球上的居民拥有比我们现代天文台水平更好的望远镜。

然而,也许我们不该追根寻源。归根结底,我们也无非是这个逃离出来的小圆球上的囚徒。无论我们喜欢与否,这颗小行星都将是我们在很长一段时间内赖以生存的家园。

我的意思不是说我们就不能对宇宙进行探索,也不能对太空的其他部分进行偶然的拜访。其他行星是否具有地球居民永久居住的条件,这一点还有待商榷。也许它们是无法居住的(像我们太阳系的大多数行星那样)。可是一旦它们发展出了自己的生命形式,就一定会比地球上存在的生命早得多。他们开始学习文明的萌芽也要早于我们一两百万年,我们在这样的国度里根本无所适从。

很久以来,让我困惑的问题便从这里得到了启发。

为什么人们对侦探小说总是怀有浓厚的兴趣呢?

通常的回答是"神秘吸引了他们"或者"看那些扑朔迷离的线索如何发展成为铁证如山的证据,这一点着实引人入胜"。

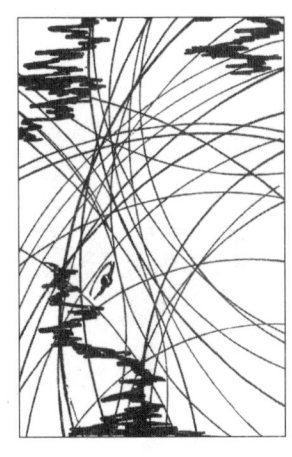

太空

或许这些理由都是真的。但我好奇,为什么人们不从研究地质学入手呢?我们行星的故事是一系列无穷无尽的谜,至今我们只找出了其中的一小部分谜底,其他的谜依然固执地守口如瓶。但是,公正地讲,各式各样的谜语没有一个是解不开的。

明白这个道理的古代人类,迫使作为自己家园的岩石及平原告诉他们更多关于自己起源和过去以往的事情,这对他们来说极其重要。但是,他们的后裔——中世纪的庸人们,虽然在战场上都是英雄,但在真理的王国里却都是些卑鄙的懦夫。他们无欲无求,墨守成规,恪守陈旧的书本所记录的一切。如果有人胆敢对其居住的行星好奇,就会被等同于亵渎神灵。

今天,中世纪已经成为涉猎历史的人们在博物馆里不太重要的佐餐。再过一两万年,我们曾经爬行过的拥有巨大能量的地壳也会像阿司匹林药片和南瓜馅饼一样平淡无奇。

我用成千上万年这样的字眼儿好像有点儿太慷慨了,数个世纪都是弹指间悄然而逝的事情。然而,当新的史前发现把历史向前延伸了几乎四倍的时候,人们一直信奉的用"不断记录过去事件的方法"来讲述"历史"的方式,在当今已经是毫无作用了。另外,我们所熟悉的事情在时间上存在的久远,对我们的心灵裨益匪浅。它教会我们谦虚和谨慎。当我们获悉祖先花了大约50万年的时间才学会直立行走,我们就会更加宽容地对待现代人不能短时间内解决一些重要的问题,以及我们自身的种种偏见等事情。于是,我们不再刚愎自用。我们仅仅是崛起者——在其他生物已经定居千百万年之后才在地球表面崭露头角的动物——也是在前天刚刚被认可的宇宙主宰。

自然界通过不同的阶段让人类进化到双足直立行走的动物,尽管我们对其中的许多细节还不太了解,但我们至少在总体上已经知道它是如何而来的。

当地球表面冷却到足够维持生命的存在时,一切就开始了。首先是层出不穷的植物和众多无视觉的水生甲壳动物,它们在此时成了地球上当仁不让的主宰。

这些水生动物，有的一直在水中生活，成为今天我们所食用的鱼类祖先；另一些则衍生出翅膀，飞上天空变成了现代鸟类的祖先。我们发现，当时一些与现代蜥蜴和蛇同族的动物也已经发展到了更高级的阶段。在很长一段时间里，我们的地球好似爬行动物的王国。当时（请按照数百万年设想一下，它们仅仅再现了全部历史当中的一瞬间）多雨、潮湿的气候，极其适合动物的生长。因此，水中和陆地都出现了外表和行为酷似战舰的栩栩如生的巨兽。

鱼的世界　　　　　爬行动物的世界　　　　灭绝的毛象

当时的空中、水和陆地都被40英尺、50英尺或60英尺高的巨兽所独占，他们的胃口就像赛艇舱那么大。地球在刹那间进入了巨型动物时代，而它们在地球的所有地方都留下了足迹。

那么，地球上那些早期的统治者是为何且以什么方式毁灭的呢？为什么数年前我们对它们的生活一无所知，而今天也只能在连环画中看到它们呢？至少现在我们认识到，它的毁灭绝非单一的原因所致，而是许多复杂因素相互作用的结果，是"物极必反"自然法则的效果。

现代军事王国的情况与此类似。世界上所有的美好愿望和国家联盟对于世界安全的维持都变得无足轻重。显而易见的事实是，现代战争机器极度扩张，成为人类日益沉重的负担。日复一日地不断膨胀，让它们变成了不能游动、飞翔和行驶的巨兽，最后竟如同陷入泥潭中的火车般苟延残喘。

拥有巨大体积的动物也经历了类似的发展过程。今天那些动物的化石摆放在博物馆的陈列室里，面目狰狞。

它们的体积不断增加，防护能力也随之加强，直到陷入无边的泥潭而无法自拔。这是个在地球发展史中持续时间很长的时期,但价值却不比芦苇和海藻多多少。

直到气候发生变化(当时气候的突变和巨变比现在更容易发生,现在海洋和大陆的划分比较平均,灾变就少得多),这些低智商的巨兽因为既不能回到海洋,又不能转向陆地生存,便在这种彻底有效的打击下遭受了灭顶之灾。无数的蜥蜴类动物——数百万年中地球的绝对统治者——无一幸免,谁都没能活着看到巨大的哺乳动物来临以及人类最后出现。

这是人们经常讲述的故事情节。只是,我想知道它是否是故事的全部——会不会存在过一位我们从未留意的天使,鬼使神差地推动了巨兽的过早逊位呢?

从微生物到杂交动物,气候的变化这一因素无疑会对其舒适快乐的生存产生极其重要的影响。

创造物
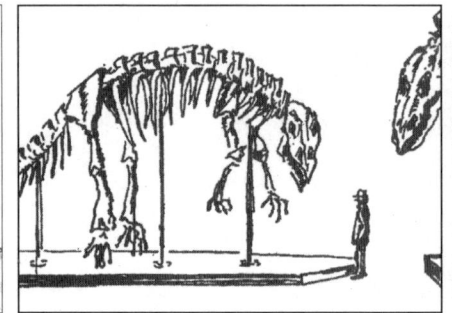
博物馆里的恐龙化石

人类

除非是酝酿已久的大灾难(像灭绝以前众多月球的灾难一样),否则气候的变化不一定是致命的。气候变化与经济危机相似,都是突然袭击式的惩罚。

此时,如果动物能够采取有效的措施抵御这些突然的灾难,便可以成功地延续种族的生存。

这种观点为我提供了介绍英雄的绝好机会。它避免了深奥的哲学推理,这对作者来说虽然很简单,但对读者来说却是极其晦涩难懂的。

啊!当这种动物登场之始,它们一点儿都不像英雄,却像极了动物园铁笼里那些忧郁地注视着我们的狒狒、猩猩或大猩猩。

当然,我认为人类不是长得像人的类人猿的直接后代,所以也没必要为有大猩猩这样不幸的祖先而感到羞耻。如果是那样,便从总体上把遗传问题看得太简单了。

最可靠的证据表明,数百万年以前,黑猩猩、猩猩、狒狒以及人类的确拥有共同的祖先。这个家族的一部分进化成了更高级、更完美、更高尚的种族,另一部分则保持了猛犸时代的穴居生活习惯。它们身材高大,行动迟缓,住在原始森林的阴暗洞穴里。有的不幸被捉,关进囚笼,用来展示给大城市里的远亲们观看。这似乎是一个可怕的宿命警示:太懒、太无能、太蠢笨,就必定会丧失千载难逢的翻身机会。

实际的变化过程是,人类从长尾四足动物进化到了无尾两足动物,从接受其他高等动物的怜悯以及没有尊严的地位进化到了尊贵的宇宙主人地位。由于没有多少时间允许我们对这一题材进行科学研究,由于我们的好奇心常常会惹来杀身之祸,所以,对于这个奇迹般进化的许多重要细节我们知之甚少。

同样,尽管我们做了大量的努力工作去了解我们的祖先是如何鼓足勇气使用双手,并成功摆脱蠢笨的动物生存方式的,我们最终也只是获得了一些概括性的认识而已。

树林覆盖的地球　　　　　　洪水退了　　　　　　首次辛勤的努力

我们的祖先类人猿首次在地球上露面之时,正值气候温暖平和。与今天相比,那时陆地较少。陆地被繁密的森林覆盖,各种各样的猿类部落都居住在树林里。它们以树为家,慢慢地具备了高超的技能。因为它们的安全完全依赖于自己那远距离而准确无误的跳跃能力。或许它们并不需要太多的聪明才智,但它们的确要比其强大的敌人更加灵活机敏,否则就得丧命。

现在,如果一切完好如初,世界能保持原来的样子(这是不可能发生并让诚实的人们惊恐万分的事情），类人猿无疑会在地球上不断地生殖繁衍，像过去巨大的爬行动物和哺乳动物一样，无可争议地成为世界的主宰。

然而千万年以前，地球应该经历过另一次劫难。水面缩小了，陆地扩大了，地球总体的温度降低了，空气干燥了。这种变化不太利于植物生长，不久，在远古以来就被森林覆盖的广袤大地上出现了道道沟壑。最后，森林萎缩，若干个被草原和雪山环绕的树木孤岛出现了。

我们祖先的机会终于来了。

从那时起，他们开始了一种在不同的森林中迁移的自由生活。原有的活动方式被剥夺了，他们像离开轨道的火车一样手足无措。

条件越来越糟糕，不断升高的山脊形成了一道道的屏障。山脉将陆地阻隔开来，除了鸟类、少数硬壳昆虫和蝴蝶之外，其他动物再无法迁徙。

这种条件让地球上的动物充分体会到了适者生存的法则。大多数猿类在死亡的命运面前屈服了，与此相反，更聪慧的部落开始奋起抗争，并且是竭尽全力抗争。

他们借以抗争的工具是自己的头脑。从此以后，人类未来的命运出现了良好的转机。

也正是从那时起，人类最早的祖先成了发明者。

如今，当我们在现代的范畴内使用"发明"一词时，马上会联想到飞行器、收音机和其他复杂的电子装置。但是，在这里我想要讲述的是一种非常不同的发明。它是一种最基本、最普遍的发明，只有具备强烈好奇心的哺乳动物才能做到。这种发明为他们提供了绝好的机会：不仅让他们在大多数动物相继死亡的时候还能够继续生存，还能让他们为自己和后代获取除了人之外谁也无法动摇的地位。但由于放荡和贪婪的本性，在他们实施暴政，到野外逐杀邻居时，自己家中的猎物却被一些格外勤奋、多产的昆虫吃掉了。

说到这里，或许有人会问："普通动物的发明动力是什么？鸟、黄蜂、蚂蚁和一些鱼类不是也自己发明了巢穴吗？海狸会筑起类似人类的有用水坝，它难道不能算是真正的建筑师吗？蜘蛛不也制造了令猎物胆战心惊的各种捕捉器吗？许多昆虫都设计了能捉住其他虫类的陷阱，这又做何解释呢？"如此等等。

对于这些问题我只能做出肯定的回答。发明不是人类的专利，人类的许多对手都有发明。但是，普通动物的发明和人类的发明是完全不同的。

普通动物的发明千篇一律。一次发明甚至可以耗尽它们全部的想象力。因此，它们的发明只是绝对单调的机械方式的自我重复。

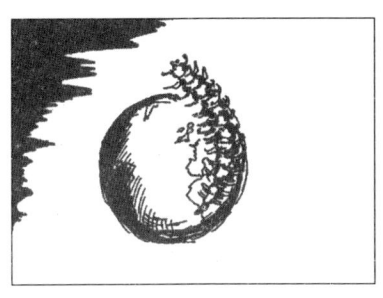

威胁　　　　　　　　动物的发明　　　　　　冰川即将来临

它们在公元1928年筑造的巢、网和坝与它们在公元前1.928亿年筑造的巢、网和坝没有丝毫区别。如果我们允许它们活下去的话（虽然这不大可能），它们到公元1.928亿年仍然会筑造与今天一模一样的巢、网和坝，就是这样。因为它们的所谓发明只不过是日常生活中为了获取食物的一点儿本能而已。事实证明，当一些动物被关起来而仍有食物供给时，它们就立刻会舒心地依赖饲养员所提供的一切生活，从而停止再筑造任何东西。相反，在动物中，人类似乎最早认识到生活中还有比获取食物更重要的事情，他们渴望更多精神上的闲暇。但是，摆脱不了单调乏味的劳作，人类就不能得到这种闲暇。所幸，自然在人类产生时就赋予了其微弱的能力。赖于这种能力的成倍扩展，人类发明了许多东西，这些发明帮助他们顺利地结束了单调乏味的劳作。

这是一个相当长的句子，但也将是本书的最后一个长句，这实在是不得已而为之。人们无法像讨论天气或选举一样讨论这个世界的本原问题，而只能用抽象的词语来说明伟大的思想。但是，一旦理解了我想要讲明白的问题，你就会理解本书的一切。因此，用成倍的时间反复阅读那上面的数百个字，会对你有百益无一害。

我们现在知道，人类从一开始便具有了巨大的优势。在其他动物处于危险的很长时间之内，人类祖先通过自己在树枝上的生活方式，练就了机智的大脑和快速决断的行动能力,以此来抵抗外界的野蛮力量。类人猿已经能够运用灵活机智的手和脑来抵抗那些用爪和嘴撕碎树干的动物。

随着昔日栖息地的毁灭,他们不得不突然改变自己的生活方式。慢慢地,在手脚的使用方面,他们积累了丰富的经验。这种方式比他们用后腿站立、前腿平衡身体,在高矮不一的灌木丛中觅食更加容易了。

当他们发现自己已经被迫完全丢失了过去那些青翠的"树屋"而迁移到平原居住时,他们不再是树居动物,而变成了一群陌生的新动物。这种动物迅速学会了不借助任何平衡就可以用后肢行走。紧接着,它们又将前爪从单一的行走职能中解放出来,赋予其多种新的用途,比如"抓""搬""撕"。至此,他们永远地告别了过去那种笨拙地借助牙齿用力咀嚼的采食方式。

以上这只是人类进化道路上的第一步。本书的大部分篇幅将实事求是地直接论述人类进化的第二步。它促使我们的脚、手、眼、耳和口的力量不断增加,并增强了我们的皮肤承受力。通过一系列的不断进步,我们在既是家园又是牢笼的星球上取得了动物王国中至高无上的绝对权力。

冰

不过,事情远未了结。在我们的祖先面临死亡与新生的残酷选择时,自然界助了他们一臂之力。气候变化不仅带来了森林面积的减少,而且可利用水源的减少和山脉的增高(又或许是其他一些尚不清楚的原因)导致了地球平均温度的突然降低。随之出现的所谓的"冰河"时期,将直至南北两半球的相当大一部分地区用厚厚的冰雪覆盖,许多动植物被迫退到了赤道两侧狭长的大陆地带。

在现代，我们通常忽略的事实是（当今社会，机器文明将工作几乎变成了打发空闲时光的方法），万物天生就有惰性。既然生活的目的是继续生活，那就要努力获得生存的机会和空间。然而一旦外界为我们提供了这种机会和空间，就绝不会有任何植物、动物甚至一片珊瑚愿意舍弃平和宁静的生活转而拼命。在安逸的环境中，没有任何一只狮子、一棵树或一只虾愿意继续工作，此时，几乎所有的动物都更乐于无所事事。人也同样如此，如果不把他置于濒临死亡的境地，他就不会取得今天如此辉煌的成就。

在那幽灵般的岁月里，冰川从四面八方铺天盖地而来，夏天转瞬即逝，北极到阿尔卑斯山脉，全都被冰天雪地所覆盖。人类祖先经历过如此恶劣的变迁，还能在每个领域的发展都取得巨大成就，可谓是"前无古人，后无来者"。

我们听到过许多关于"磨难学校"的传言，它被认为是学习知识最好的场所。无论如何，从结果上判断，"冰川学校"是人类就读过的最能彻底锻炼个性的优秀学校。

他们的第一课是"你应当尽最大的可能转动脑筋，否则你就会灭亡"。在远古时期，我们的祖先是眼窝凹陷、浑身散发着臭味的野兽。在这一点上，他与其他的动物没有太大的区别。但是，当我们想到他们与自然抗争的勇气，想到他们身处的是连我们现在都无所适从的恶劣环境时，我们就能够体谅他们了。

那么，他们究竟是如何通过非常简单的进程，施展蕴藏在手、脚和眼中的那些无限能量的呢？且听我慢慢道来。

第二章
从兽皮到摩天大楼

事实上，人类全部的发明都服务于一个总目的，即在生活中帮助人们用最小的努力换取最大的幸福。

然而，有些发明不过是对人的"说""走""掷""听""看"等物理属性和功能的增加（延伸、增强或者扩展）。另外一些发明才是人类希望的结果——让其身体和能力处于舒适和协调的良好状态。

实际上，许多发明都是相互重叠的，我在这里的划分也是不太严格的。但是不难理解，在科学分类中，所有的尝试都存在着部分的重叠。大自然本身就是异常复杂的，而人又恰恰是自然界中最复杂的成果。每一件与人及其欲望或作品相关的事情，都是一个矛盾性极强的整体。

人类

第一件外套

我觉得有责任告诉你们这一点，如果碰巧你是一个彻底的分类迷，你就不难发现，本书中有许多东西会让你震怒。所以，你最好还是去看看植物学手册之类的东西，这类东西保证没有错误，更不会言过其实。

比如，一些与人类皮肤有关的发明，它们究竟是属于第一种划分——与生存有关的发明，还是属于后面提到的第二种划分——与"维持和恢复"有关的发明？我真的没有搞清楚，但我最终还是决定把它们收进这本书中。今天，我们会想当然地把它们绝对地看成是第二种发明，认为除了"维持"之外，没有其他目的了。但是，起初为了让人类免于灭绝，它们所发挥的作用几乎比任何力量都要大。所以，我必须在这里谈一谈。现在就开始吧！

开天辟地之时，动物完全裸体。无论遭遇多少严寒，谁都没有想到过用死去的动物皮毛做一层人造的暖气，以增厚自己的皮肤抵御暴风雪的侵袭。尽管有时它们会在暴风雪或冰雹来临之际外出寻找一块岩石作为避难所，但要找到这些岩石得走很远的路。

在天气寒冷时，穿上一件外套，对我们来说，似乎是再简单不过的事情了。因此我们很难想象在那个时代，面对温度的骤然变化，人们为什么还没有学会穿一层动物或植物的皮毛来保护自己的身体。

但是，通览此书你会发现，越是简单的革新人们越不容易想到。即使是改进简单装置中最简易的部分，也需要成千上万聪明人的不断创新和前仆后继，才能将它们付诸实践。

当然，我们永远不会知道那些真正实现进步的开拓者的名字。但是，肯定会有某一个人"第一次"冒险穿上了牛皮或熊皮。这就像在现代有人"第一次"打电话，有人"第一次"让文字电报发出微弱的声音。对前人的发明我心悦诚服，我想身穿大衣出现在人们面前的"第一人"所引起的骚动，一定不亚于驾驶汽车行驶在第五大道上的"第一人"。

他极有可能遭到过围攻。

甚至，他可能被当成一个危险的巫师而惨遭杀害，理由是他企图扰乱神的意愿。因为神在创世那天就决定，人永远都不应该免受严寒暑热之苦。然而，在一个靠狩猎为生，新的发明层出不穷的时代，兽皮一定少不了。

只是，一般的兽皮令人难以忍受。首先，它的气味异常难闻。除了在太阳下晒干,史前人类没有更好的办法来处理。不过,对于早已习惯在残羹剩饭发霉变质的气味中度日的人们,恶臭根本算不了什么。但是兽皮很容易断裂,又不太贴身。加上兽皮十分通风,在狂风暴雪的日子里用处并不大。所以"好事者"(为人类做出贡献、值得纪念的人)会说:"到目前为止,一切看起来都还不错。只是,难道我们就不能找到一种更舒适的兽皮作为替代吗?"于是,他们生产了大量"以假乱真"的物品,在人类进步的历史上扮演了重要的角色。我提到的这些物品,包括大家都知道的棉花、羊毛、亚麻和丝绸在内,所有这些好像都是从亚洲传过来的。

也许你会反对我在这几段中频繁地使用"好像"这个词,让人觉得我的陈述缺乏科学和自信。的确,你的想法并不离谱。我现在就像一个身处幽暗之所的解惑人。追溯到五六十年前,我们甚至还不知道有史前史这样的事情。我们说,"文明始于亚伯拉罕离开乌尔之地",或者如果有足够的勇气,进一步追溯到两千年前,我们还可以大胆地宣告:"文明始于埃及和巴比伦。"

我们当然知道,中国的历史远比西亚和北非要古老得多,但中国人与我们相距甚远,我们很少去烦扰他们。除非我们碰巧要写一部关于鸦片战争或是八国联军侵华的书,那时,序言的二分之一篇幅都要留给他们了。

人们逐渐认识到,将历史的起始时间定在公元前4000年或是公元前2000年的想法多少有些荒唐或幼稚。于是,他们在丹麦的废墟堆里挖掘,在法国南部和西班牙北部的洞穴里燃起蜡烛,仔细观察那些古怪的雕塑和破碎的头盖骨。那些头盖骨是在澳大利亚和德国的地下发现的,人们已经不再把这些东西卖给古董商。当他们发现,自己竟然拥有如此众多的有趣材料时,他们不得不承认自己先前的偏见。冰河时代的祖先们并不像想象中那样愚昧野蛮,而那些吹嘘过多的埃及和巴比伦文明也只不过是已经分化了的特定文化模式的延续。在建造金字塔以前,其他部落的文化源流已经失传了数千年之久。

今天,如果(像些饱学之士所宣称的那样)发现了能够打开法国南部洞穴内及周围那些神秘碑刻的钥匙,我们就可以将有记载的历史至少往前推一万年。我们也大可不必谈50个世纪的人类进步,取而代之的将是150个世纪。

但是,我必须马上警告你,这个知识领域在整体上是未知的。我们对公元前1.5万年欧洲或亚洲的情况知道的并不多，就像我们对大洋底部的了解一样。现实中，人们都感觉彻底了解大洋底部只是个时间问题，所谓的史前时代也是一样。只要有大量认真的调查者和几年的和平时间（炸弹和弹壳对于装满宝藏的地球来说可不是什么好东西），我们就会像了解提吉雷斯·皮雷斯王一样可以确切地了解冰河时代的人们。

比如，我们从史前的一些图片（我们的一些远古祖先是显赫的艺术家）了解到，人们曾用干燥的兽皮做衣服。但是，没有确切的资料表明，什么年代的人将粗糙的兽皮变成了正规的皮革。不过，通过审查我们已有的翔实证据，并借助一些常识，我们可以容易地将其找到。

制革

结论是，通过"制革"的过程，兽皮变成了皮革。根据辞典的解释，"制革"是通过在含有鞣革酸或矿物盐的溶液中浸泡，将生皮转化成皮革的过程。

接下来的问题是，是谁在古代发明了"用矿物盐将生皮变成皮革"的。回答是："埃及人，他们的宗教信仰迫使他们要尽可能长久地保存死去族人的尸体。因此，甚至邻国人还没有想过这种可能性之前，他们就已经把防腐技术改进得很完善了。"

在尼罗河谷我们可以发现，事实上，在早于古代其他国家几个世纪以前，埃及人就已经是皮匠专家了。制鞋商店的图片（看起来像现代城市中非常普遍的那种快修店）便是出现在法老墓中最早的图片之一。

制革技术后来从埃及传到了希腊，但高品位的希腊人只关心哲学问题，不大关心羊毛外衣和皮衣哪个更舒服。因此，皮革工业在那里没有得到太大的发展,就匆匆忙忙地被传到了罗马。在那里,每个士兵都需要引人注目的凉鞋、头盔带子和胸甲,而为了抵挡撒哈拉的炎热和苏格兰的潮湿,这些东西都只能用牛羊皮制作。

与此同时,在埃及,其他几种皮革替代品也发展到了高级阶段。尼罗河谷同底格里斯河、幼发拉底河流域一样,人们更需要抵御炎热。因此,在远古时期,他们试图找到一种比驴皮或山羊皮更凉爽的衣服。经过数千年的试验,人们用不同的草和树叶编织成了各种不同的外套。在这个过程中,他们渐渐地领悟到,"亚麻"茎是最合适的服装材料,可以用于未来纺织品的试验。

亚麻种植者

人们通常认为,在电报和现代报纸出现以前,世界上有二分之一的人完全生活在无知中,而另外二分之一的人正在卖力干活儿。这种对比是属实的。作为服务手段的电报和报纸,它们所传播的错误信息与可靠新闻一样多。一万年以前,当穴居首领吃过晚餐,或者瑞士的渔民准备穿上秋装却不知道如何通往西伯利亚猛犸猎人的住处时,许多有趣的事情出现了。当真正重要的事情发生,当新的发明崭露头角的时候,它总是能增强人类对抗自然的能力。中国人对此似乎有所了解,白垩纪的人或大西洋海岸生活的人也同样如此。我并不是说,所有获悉消息的人都能很好地利用信息,现在也一样。在冷漠和无知中,最可怕的是无知。它已经成为合理进步公开的敌人。但那些发明(如果它们能引起每个人的兴趣)如果能够成功摆脱质疑的阴影,占有充足的证据,它便会以令人吃惊的速度广泛传播开来。

我们没有在瑞士湖畔找到同时期尼罗河亚麻文化发展的证据，因为这是两个完全不同的居住环境。我们无法搞清楚何时何地人们第一次种植这种植物。棉花也是如此，我们先听说原产地在波斯，几年后又听说是在美索不达米亚。

根据希罗多德的说法，棉花的起源地在印度。然而，这种作物的种植和收获极其复杂，并不是制造皮革替代品的合适材料，无法取代人们长久以来喜爱的亚麻和羊毛。这个话题对现代人来说很熟悉，但引发的问题又古老得如同石器时代后半叶的山丘。

起初，人类几乎没有必要"批量生产"任何东西。在冰河期，人们总在不停地迁徙，那时的饮食和居住条件比1928年贫民窟中最穷的人还要差。我们在洞穴和河床上发现的大多数遗骨都表明，人们当时睡在潮湿的角落里，因此会不可避免地染上疾病，常常是不到四十岁就寿终正寝了。

婴幼儿的死亡率也略高于百分之五十，几乎同沙皇时代的俄罗斯一样。一个漫长而又极其寒冷的冬天，就足以灭绝整个村庄。这就像现代的爱斯基摩人和加拿大北部的印第安人，能幸存下来的少得可怜。所幸，尼罗河和幼发拉底河大粮仓的开发改变了这一切。人们完全可以根据自己的意愿来种植植物，越来越多的人开始居住在同一个地方。城市有了发展，居民中出现了大量便宜服装的需求。

于是，羊毛工业出现了。赞美第一件羊毛衣服的人毋庸置疑是农民，是他首次认识到了驯服动物的可能性。罗马人将那可怜的动物叫作"ovis"，我们称之为"羊"。我想，第一个牧羊人应该住在亚洲中部的深山里。从土耳其开始，羊毛工业向西扩展，经过希腊和罗马，最后抵达了不列颠岛。一千多年来，英国始终保持着世界上最大的毛纺中心地位。它用羊毛这种出口商品作为经济盾牌，让邻国甘愿俯首称臣。

当然，世界的其他地方（甚至是美国人）也都依赖于英国羊毛原料的供应。英国人非常了解这一点，因此像其他国家一样机智地确立起垄断地位。

中世纪的民歌和传说是对纺纱织布业满怀情感的佐证。但是，他们无法阻止这样的事实：尽管没有宝石矿、油井给人们带来的灾难那样频繁而恶劣，但是天真的羊羔也引发了很多血案。

还有一种特殊的毛完全不同于任何一种简朴的原始皮革。我这里指的是丝，它是一种可怜的蚕所吐出的蚕丝。

蚕

当然，丝绸出现在市场上之后，让人不可避免地开始追求华丽。人不仅懒惰，还爱慕虚荣。如果不能向邻居炫耀自己的富有和衣裳的名贵，口袋里的钱还能用来做什么呢？当全世界都风行穿亚麻和毛织品时，这些东西对许多人来说就已经不再时髦。可怜的富人们被迫开始重新选择，要么去发现新奇而昂贵的保暖替代品，要么就一丝不挂。

此时，中国的蚕丝解救了他们。在古代，蚕丝与黄金等价。

亚洲的远东是蚕蛾生长的摇篮。中国人最先认识到了丝绸能够赋予美丽和文明事业的突出贡献。他们为这一发现而自豪，并宣称这种发现有神圣的渊源。根据传说，中国历史上的著名帝王黄帝（生活在摩西之前一千多年）那美丽可爱的妻子首先发现了蚕。她第一个科学地研究了这种著名的小爬虫，发现它的腺体可以喷出约有一千码的丝线，然后便会隐退到自己的茧里。

汉朝的子孙们非常珍视他们尊贵的皇后劳作来的成果，于是，他们决定把丝绸制造技术作为神圣的秘诀来保护。他们将这一秘密保守了长达二十多个世纪。直到后来，日本派出高丽贸易代表团抵达了这一神圣帝国。这些人诱骗了一些中国女孩到日本，专门教他们的后代学丝织这种高尚的艺术。

此后不久，一位中国公主将桑树种子和蚕蛾卵藏在自己包头的丝巾里，私自运出中国，带到了印度。从那以后，丝绸便开始了它的西移航程。

亚历山大大帝在其著名的东部战役中肯定听说过此事。亚里士多德也曾经提到过蚕。几个世纪以后，只要丈夫能够担负得起漂亮的奢侈品，他们那时髦的罗马女士就都能穿上丝绸。

织机

一直到公元6世纪末，丝绸仍然像罕见的白金那样紧俏。当年，两个波斯僧人试图将一批蚕茧偷运出境时，就曾小心翼翼地把它们藏在竹筒里，骗过了中国边关的警卫。而后，他们得意扬扬地把走私品呈送给了君士坦丁堡的东罗马帝国皇帝。很快，那座城市就变成了欧洲的丝绸贸易中心。

后来，当十字军战士对那片圣土进行洗劫时，他们将偷来的一捆捆丝绸塞满了大衣箱。在中国发明丝绸大约30个世纪以后，丝绸工业就这样被推广到了西欧。即使在那时，丝绸也仍然是昂贵的奢侈品。连勃艮第的君主都为女儿的嫁妆里有一双真丝袜而深感自豪。甚至在600年之后，愚蠢自负的约瑟芬皇后为了得到大量的真丝袜，在其丈夫准备去征服欧洲时耗费了她丈夫大量的精力。

这种情况一直延续到每个女人都开始感到自己完全有权利穿得像法国王妃一样。从那时起，蚕茧便开始无法满足全球新的工业民主革命的要求，以至于乐于助人的化学家也被招来填补这一真空。他们很快就生产出了与现代纸张同质的人造丝。但是这种材料并不理想，无法穿较长的时间。时过境迁，人们认为已经无人问津的羊毛外衣又成了时尚。

看吧，有如此丰富的不同材料可以作为牛皮的替代品。这些材料在价格、质地和样式上都已经发生了很大的变化。但奇怪的是，自从第一个人剥下马皮遮掩身体，以便让自己感到更舒服，我们着装的基本思想一点儿也没变。

最近，针对宇航员的飞行高度所要面临的极度寒冷，有人发明了"飞行服"。它可以借助一块小小的电池保持身体的恒温。

发明更小的可以装在口袋里的电池，有可能在未来50年后导致服装工业的变革。那时，我们可以不用再借穿别人的外套，而是在朋友家的电炉前抽烟时，请他给我们的电池充一下电，就这么简单。

今天，这听起来似乎有些荒唐，但我还不算太老。当我年轻的时候，如果有人说，在1928年每个公民都可以驾驶私车飞奔，肯定会引起哄堂大笑。既然如此，我们也有理由可以期待无衣时代。这将使我们免于额外的牛皮负担，从而消灭令人生厌的衣帽间的强盗。

真是一个虔诚的希望。

不久，或许真的会实现！

现在，出现了另一种发明。它与人类增强皮肤抵抗力的愿望密切相关，但这是一种完全不同的发明。

带电池的夹克

说起来很简单，这是人类希望身体免受寒冷与暑热的结果，但又不完全是这样。我们把出现的另外一种奇怪的皮肤替代品叫作房子。房子的第一个作用就是为哺乳动物提供一个安全的场所。因为他们照顾后代的时间比其他动物更长,这样,全家便能得到两三个月的团聚时间。因此,幼子得以学习父母的基本技能,直到他们长大,可以独立谋生。

起初,他们所找到的满意去处是空树洞或是被水冲成的洞穴。当潮水退去,河水被限制在狭窄的河床中时,那些地方就变成了人们的自由领地。

但是,这些原始的家并不具有太多吸引力。阳光无法照射进这些黑暗的洞穴,里面聚集了上百万只蝙蝠。更糟糕的是,如今已灭绝的尖齿虎和庞大的熊,也将这些地方当成了自己十分满意的住处。我们在洞穴中所发现的那些深埋在尘埃中的人类及动物遗骨,似乎就在讲述这其中的一个个殊死战斗的故事,其目的只是为了争夺一块今天我们养猪都不愿意使用的栖息地。

因此,洞穴没有维持多久。人们后来发现了一种方法,可以为自己造一所洞穴的替代品。当他们为自己建好一所"房子"时,少数洞穴被保留下来做了祭祖之地,绝大多数的洞穴则成了废弃之家。

人类在想尽办法驱寒避暑的过程中,也设计了一些非常奇妙的装置。在地球的某处,人们用正方形的冰砖建造房子;而在另一些地方,他们用树枝搭房子,用草和树叶做房顶。

最原始的房子要数单坡屋顶的小房子了。最初它只是作为猎人偶尔外宿的权宜之所,后来却成了现代南美和澳大利亚文明民族的唯一固定住所。

接下来,形成的房子是用烘烤过的黄泥和稻草盖成的。后来,稻草被粗糙的木架取代。这种形式最后演变成了所谓的高层建筑,我们在世界上的许多地方都可以找到它的遗址。今天,在一些热带地区,这种泥房子仍然为水上作业的人们所通用。

通常人们认为,建造有支撑物的房子主要是出于安全考虑。但是,人们也会在水上建造房子。人们开始具有体面感(这意味着真正文明感的开始)的证据之一是希望能够及时清洗身体和衣服。欧洲人总是取笑美国人一贯保持的冲淋习惯,但这总比雅典人让猪在大街上行走充当垃圾的收集者要好。中世纪的巴黎对文化和艺术的传播做出了非常重要的贡献,但却总是不屑于在卫生方面花费太多的时间和金钱。生活总是有得有失,在起居室和粪池同在一个屋檐下的地区生活,一定不比生活在以整洁的后院为荣的国度里更让人舒畅和惬意。

人们在两万年前就知道他们今天要做的事情。他们比那些将房子建在离海滨50英尺或100英尺远的人更加谨慎。高耸的屋顶可以帮助抵御太阳的照射和风雨的袭击，下面的水则成了天然的加湿器，还有小鱼在水中游玩嬉戏。这一切真是天作之合。

  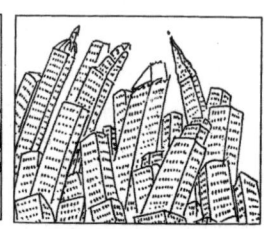

用冰盖的房子　　　　用树叶盖的房子　　　　现代城市

在当时，这是一次伟大的变革。只是为了更安全，人们仍然需要同居一处。一段时间过后，当生存问题变得次要时，人们便开始了第二步——寻找迷人、可爱而又有益于身心健康的私人住宅。

对全人类来说，私人住宅都是最好的商品之一。只是高昂的价格，只有富人才能承担得起。然而，家庭和民族的文明水平已经发展到了一定的程度，人们越来越渴望独居的权力。于是，他们纷纷开始建造个人的房子。

受时代的影响，人们不再像共用大衣和牙刷那样共用房子，而是开始考虑如何才能不与他人合住。在古罗马，常常会发生过多的奴隶拥挤在一间狭小房子里的情况。因此，简易住房应运而生。虽然罗马人认为，对于贫穷的农民来说，来到心怡神往的大城市，可以躲避战火的纷扰，即使是挤在黑暗的地牢里也很知足了。然而，谁都不会喜欢闷气简陋的房子，谁都不愿意在贫民窟中立足。一旦他们变得有能力，就会回到"自己的家"。

在中世纪欧洲的某些地方，人们格外崇尚人的生活住所，以至于"我的家就是我的城堡"这句话的意义格外深远。这渐渐变成了一个政治程序，以它为基础所确立律令的意义比一部英国大宪章还要大。

然而，在靠近煤矿边或沿着有利可图的港口边建立一个庞大的车间，迫使人们重返了原始洞穴人的生活方式。其结果是，在高楼林立的西方大城市，神圣的个人私有权没有得到丝毫的尊重，普通市民就像他们所欣赏的沙丁鱼一样孤立无援。

幸运的是，伟大的变革到处都是。各地方的人民开始公开反抗人类"蚂蚁堆"般的退化。大多数家庭都太穷，根本无法担负石制或木制两间房的费用，他们不得不和几百个邻居在一起同吃同住。但这些人已经形成了极具想象力的生存技巧，这种技巧远比其祖先更优越。他们迁徙，像鸟儿般自由。他们有两处居所。一处坐落在亚热带地区，在那里，他们可以抵御凛冽的北风，渡过严冬；另一处建在北部的森林中，他们又可以在那里躲避酷暑。

夏屋　　　　　　　　冬屋　　　　　　　中央暖气

目前，人类根据季节的变化而迁移似乎还只是一个梦想。不过在美国，随着人口数量的增多，这个梦想很快就会实现。

迄今一万年以后，我们在20世纪所使用的东西可能会出现在后代的生活中。起码有一些生活用品，它们是与湖上居民和洞穴人同属一个时期。纽约和芝加哥的废墟让他们确信，那些废石和废钢铁堆很有可能是在石器时代的中后期建造起来的。

找到一处躲避雨雪的栖息地是一回事，但是要想让住所暖和而舒适，却不那么容易。

因此，在房子发明之后，紧接着被人们提上日程的便是作为保暖手段的火的发明。点火是取暖的原始方式，到今天也一直存在。不过，现在这种方式只是简单地被用于装饰。因为即使是在1928年，火的使用也同烤猛犸肉时代一样让人不舒服。如果火烧着了人的趾头，那种灼烫的感觉会像住冰冷的房子一样让人心生恐惧。

斯堪的纳维亚早期部落中使用的粗糙火炉表明，即使在当时，人们也在竭力寻找比木头更实用的取火工具。

不幸的是，古代发明的佼佼者——埃及人和巴比伦人生活在宜人的气候之中，他们不必受火炉的困扰。但敏感的希腊人明白，高深的思想无法植根于不舒适的生活。因此，他们非常严谨地承担起了设计更满意的取暖方式这一任务，试图通过加热空气来让他们的皮衣保持在恒温状态。

于是，卡伦索（克里特的首都，在耶稣诞生前统治地中海东部长达1000年）的宫殿安装了暖气。罗马人喜欢地中海气候，厌恶寒冷，他们把房子设计成所有地板和墙都能被外部暖气熏热的结构，并派两个奴隶担任司炉工，时刻保持火力旺盛，好让稳定的热流能通过所有的房屋。

在3世纪至5世纪，当亚洲中部来的野蛮人侵扰欧洲时，他们轻蔑地把欧洲称作"软弱之辈"（虽然这样的"软弱之辈"曾将他们阻拦在罗马墙外达六百多年之久）。从此，希腊和罗马词义中的"舒适"从地球上消失了。大多数古罗马建筑物被毁坏，庙宇被当成了马厩。早先罗马贵族的夏日居所也被马车运走，当成了碉堡。古老的剧院都变成了小村庄。元老院的所有暖气设备一时间成了碎片。

后来，随着法律秩序的慢慢恢复，人们重新搬进了自己的房子；但在一千多年的时间里，他们或是完全忍受寒冷，或是用装满木炭的火盆维持室内的温度。然而，这种取暖方法仅仅是加剧了寒冷。人们在睡觉的时候，还是要戴上帽子，穿上大衣。

到了十五六世纪，条件几乎同样糟糕。在读到"光荣属于伟大的太阳国王"时，人们总会感到非常愉快。但是，在我们了解了真实情况之后，我们就不会太羡慕这位陛下了。尽管被认为是当时最富有且最有权势的人，他却要在毫不保暖的宫殿里度日，煮熟的水果在客厅的桌子上被冰冻。他的朝臣们决定洗浴时（这种情况很少），还得被迫用冰镐敲击水罐。

最后，人们不得不设想改进炭火盆。有些人又开始重新使用在冰河时代就已经是陈旧物的壁炉来，只不过这次，他们安装了一个特殊的炉身建筑——烟囱，这样可以让烟从壁炉通过屋顶输送到外边的空气当中。

起初，烟囱只是墙本身的一个洞。在16世纪初（经历了300年的试验失败后），终于出现了看起来如同现在一样规范的烟囱。它可以保持足够的干燥，以便各种燃料能够充分燃烧。

煤炭火盆

壁炉

然而，这种保暖的方法还是不能令人满意。在接下来的300年间，无论贫民还是王公贵族继续忍受着房间的寒冷。相比之下，在今天人要幸福得多，只要安装一两个暖气片，就可以轻易地让房间保持舒适宜人。

在19世纪最后的25年，人们最终重新采用了罗马人的方法。除此之外，他们还学会了如何借助水蒸气和热空气为房间取暖。

确切地说，我不知道借助火炉保护我们皮肤的方法还会延续多久，或许不会太久了吧。

让房间保暖的现代方法就是利用电，它比目前的方法要简单方便得多。而目前使用这种方法的先决条件是，安置在地下室那或多或少的复杂的暖气装置，需要大量的看门人和卡车司机。

如今，唯一的问题就是价格。一旦我们能够发明出一种方法，让发电的成本比现在低，我们就不再需要司炉工和火炉，也不用再呼吸各种炉体所发出的油烟气味。这一关键性的变化将使我们的住所、教堂和公共建筑，无论冬夏都能够保持恒温。

在本章结束之前，我必须就另一个同样与保暖有关的发明多说几句。我所说的就是取火这门神圣的艺术。

当然，人们用来取暖的第一个火种，是从被雷电击中的树上偷来的。但是，森林之火不可能永远持续下去，寒冬腊月尤为少见，而这时却是人们最需要火的时候。

当时，一些聪明的天才（一切荣誉都要归功于他，他可能是为芸芸众生求火的神父）偶然间发现了摩擦可以生热。这应该发生在很早以前，因为当人出现在历史舞台上时，他已经知道了该如何利用在一个狭窄的槽里快速旋转木棍的方法来取火。

没过多久，人们在制造石器时注意到，当两块石头猛烈碰撞在一起时会产生火花。这些火花轻而易举地便可以引燃一团干苔藓，最后带来的可能就是一场小火灾。

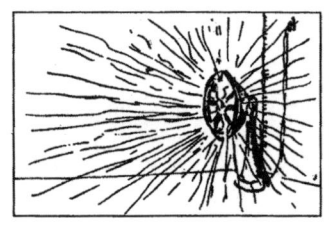
电炉

神圣的取火技术

从燧火到打火机

这些由一块火石和一片金属组成的原始器具，已经被人们使用了很长时间。它曾被用于各种不同的目的，从开始的燧发枪到后来的火柴。

我们的祖父也曾借助火绒盒点燃烟袋。它是一个不快捷而且不精巧的东西，人们在匆忙中倒是可以用它取火。因此，非常有必要发明一些更加实用的东西。新旧世界的居民们，都一致在推动用化学物质取代麻烦的火绒盒。

17世纪后半叶，人们终于发明了早期形形色色的安全火柴。其主要成分是磷，用它和石头摩擦，可以点燃硫溶液浸泡过的木块。当时的人们就经常用这种方法点燃炉灶。然而，它们的气味很大，也异常危险，所以没有得到普及。

1827年，一位名叫约翰·沃克的英国药剂师发明了一种既可以点燃物品又不会危及房子的"摩擦火柴"。他把它叫作"康格里夫"，意在纪念一位名叫威廉·康格里夫的先生。此人在拿破仑战争中曾经赢得了"战争火箭之父"的荣誉，而且还是火药领域真正的开拓者。

此后20年，一位名叫伦德斯特姆的瑞典人又发明了一种缩减摩擦火柴体积的方法，将它变成了"便携式火柴"。这就是在我们生活中非常熟悉的带黄头儿的红杉小棍儿。

保守的人总是用激进的行为反对革新，其理由却十分荒谬：火柴将为盗窃者提供方便。可到最后，赢家是火柴。在世界大战前，它一直被人们广泛接受。这期间，史前的火种和燧石（当然是以一种崭新而精巧的方式结合在一起）重新为我们的吸烟英雄们兴旺了一把。

这就是闻名遐迩的进步车轮之奇妙转动。

也是对我们久已忘怀的远祖的一种间接赞扬。

第三章
驯服的手

像所有四足动物一样，人的手也可以视为普通的前爪。通过伸展一只所谓"反向的"大拇指，人可以抓握工具，并且用它来做许多事情。其他不具备类似"能抓握的终端"的动物，则被迫用爪子、嘴或者牙齿来提供帮助。

人抓握工具

如果你对我的话不太理解，那么下次当你的猫或狗费力啃骨头时，不妨仔细观察一下。它似乎总是觉得爪子有用，可是当它用嘴巴和鼻子抓、推东西，试图将其移动到花园的另一个角落时，你就会注意到，它启用其前爪的方式是多么的无可奈何。

哎呀，忘了！它没有大拇指。

当猫和狗用牙撕咬骨头的时候，它们可以用前爪将骨头压住，也可以用前腿刨坑，以便埋藏它们的宝物。但是，这中间难免有一些笨拙的动作。因为尽管它们有"大拇指",却无法与其他四指"反向"。因此,它们根本不可能抓住或握住东西,而只能用前爪做一些非常简单的动作。所有的这一切,都只与满足其食欲有关。

不夸张地说,手是人类所获得的最重要的自然工具。正是通过其能力百万倍的增加和延伸,人才成为了世界上最无可争议的主人。

但我们还要解决的难题之一是人是如何、什么时候,并且为什么能认识到其前爪的可能性的?人的表兄类人猿(以其自以为聪明的方式)为什么没有学会加强手的活动范围呢?

以使用石头来加强手的打击力为例,你会说:"这个想法太简单了,不言而喻。"但是,世界上没有任何事情可以简单到不言而喻。某人不得不首先考虑它——而后开始试验——直到他试验得脸色发青、累得半死或者在邻居们的嘲笑声中放弃、退出。

数千年来,人们就用赤手抓取食物,握住猎物,撕扯小鸟和小动物,从来没有想过别的方式。

棍棒和石头

石器的形成

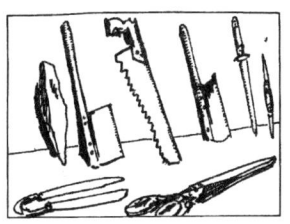
石器的改进

直到有人最终鼓起勇气说:"其实可以有更好、更简单的方式来做。"于是,他用棍棒或石头加强手的打击力的想法创造了第一把锤子。

这便是我们所了解的信息。第一把锤子是木头的还是花岗岩石的,我们无从知晓。木头极易腐烂,绝对不可能找到。石头则会长存,除非用20吨的卡车将其压碎或用高爆炮弹将其炸碎。

可以说,石头成了能证明人类先驱者的坚韧和智慧的唯一见证人。木头则已腐烂,无法再讲述往事。

当然,参观史前历史博物馆的外行人,也不会留下多少深刻的印象。他们凝视着那些馆藏的史前工具，略带迷惑不解的神情。在他们看来，这些物品跟他的小儿子从路边捡回家的卵石没有多大的差别。

然而，这些早期的锤子、斧子和锯子对于专家们来说，却是至关重要和分外有趣的。这就像观看陈列有早期的廉价单缸小汽车到最新式的劳斯莱斯豪华轿车的展览一样。

作为无数人辛勤劳动的结晶，制作这些工具的艰辛程度绝不亚于制造具有历史意义的现代化内燃机模型。

首先，人们发现，利用一块石头可以增强力量，而任何小到足以被五指牢牢抓住的石头都可以。可是又不能太小，否则在砸开坚果、颅骨或含有鲜美骨髓的骨头时，会因为力量不足而失败。

后来，人们逐渐学会了通过凿或磨平棱角，把锤子变成某种可以切割及轧碾的东西。随后，他们开始寻找无须加工即可切削的合适的石头。终于，人们找到了。再后来，有人发现，如果在另一块更坚硬的石头上摩擦锤子的两面，其边缘便可以被磨光。这时，锤子变成了一把刀子。

断头台

数个世纪以后，当人们得知死去的动物皮可以晾干制成小条拴系物品时，有人就用它把石刀和木柄捆绑在一起，做成了战斧。这是一种远比原始的"手握锤子"更具杀伤力的武器，而且是一种更加危险的战争工具。

至于那些边缘尖利的小块石头，则是现代刀、折叠刀和锯子的直接祖先。

锯子是一种最精巧的增加赤手撕扯力的发明，它最终从长方形演变成了圆盘形，并被改进成了呜呜作响的电锯。它锯木料就像切黄油一样，锯钢铁如同撕薄纸一般，丝毫不在话下。毫无疑问，锤子成了人们生活中非常有用的工具。如果没有锯子这种增强的"手"，我们整个现代工业的发展就只是泡沫。

燧石刀的另外一个后代——剪刀，其起源就要近得多，它的外表虽然很简单，经历却相当复杂。

埃及的木乃伊制作者拥有各种精巧的工具，但似乎从未用过剪刀。后来的希腊人和罗马人发明了一种大剪刀，用来修剪花园的树篱，并最终用在了剪羊毛上。现代的剪刀就是从罗马的大剪刀发展而来的，它们实际上是一对刀，两个环状物用作手柄，中间用一个小枢轴联结起来。下次再剪开一张纸板时，你会发现你的手的确需要一些帮助。

到目前为止，一切都还顺利。但是人在增强其器官力量方面的独创性经历，绝不只是一种编年史的进步而已。

毫无疑问，统治宇宙的诸神们给予了我们明辨善恶的能力，但是他们决定让我们自己做选择，并因此赠予了让我们足够兴奋的精神品质。那些对神学问题比我们更感兴趣的祖辈，把这些精神品质称为"自由意志"。正是这种可怕的"自由意志"，让我们在行善作恶方面，同样能够发挥我们完美的发明创造能力。因此，作为一个不可思议的矛盾集合体，人类发明一枚炸弹就像创作一首民谣一样，能充分调动起自己的大脑。

为了在充满敌意的环境中生存下去，作为人类生活必需品的最原始的刀子，随后转变成了不必要的暴力工具。它们以剑、马刀、刺刀、长矛头、箭、短剑、匕首、弯刀和短弯刀等多种形式出现，胡乱砍杀，甚至将人碎尸万段。这样做不为别的，只为能将别人的东西据为己有，或者仅仅是因为别人不能与其分享他们的某些主张。

所有的这一切都会造成巨大的遗憾。要记住，人的发明是无情的创造物。就像我们乘法运算表上的乘法符号一样，那些小乘号并不在乎它们所乘的东西是什么。用10万乘以1万和用负10万乘以负1万，对它们来说都一样。用某些数字乘以其他数字只是它们的本职，除此以外，它们既不关心也不运作。甚至，它们只会乘上任何被给予的东西，而丝毫不关心其结果是带来毁灭还是变革。

  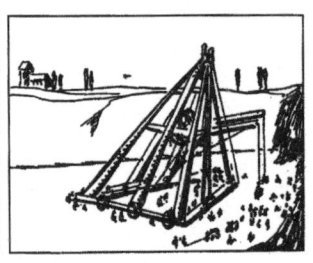

　　从手指到铲子　　　　　　蒸汽犁　　　　　　　挖掘机

　　谈论进步其实非常容易，它仿佛是自动的东西，总是从坏到好，从低到高，从穷到富。我当然盼望这是真的，可是，前进的道路总是陡峭而又曲折，还有许多奇怪的转折。为修建古代大道而立下汗马功劳的"增援之手"，给予我们的并不仅仅是医生拯救人类生命的剪刀，还有令人毛骨悚然的奇怪装置。它用一种高效而节俭的方式，扼杀了许多同胞的生命。

　　本章的开始让人觉得像政治宣传一样，然而我要说的是，人们此时最好记住，机械的造诣就像突如其来的洪水一样，会让许多人对人类未来的舒适产生一种危机感。当然，如果一切顺利，我们完全可以渐渐地迅猛发展。但是，请不要忽略这样一个事实：普通国家在教育上每花1元钱，就会在军事上花100元钱。你的头脑中已经种下了谨慎、怀疑和担忧的种子，因此，现在我可以继续下一个与人手相关的发明了——它就是恰巧被人们称为"铲子"的农业工具。

挖泥船

在我看来，铲子的发明者可能是一位妇女。在有记录的最初的农业社会里，男人们并不在地里劳作，他们把田间劳动留给了妻子、女儿和驴子，对此，我一点儿也不怀疑。在一个晴朗的日子里，一位贫穷、浑身沾满泥水的女人，在用双手碾碎土块时指甲开裂。她对此已经厌倦到极点，于是顺手捡起了一根棍子或一块石头，开始用它来代替手指的工作。

后来，人类学会了使用青铜、铁和钢，这些金属自然而然地被用于加强极易折断的棍尖的力量。随后，金属逐渐变宽变平，最终，铁铲的基本样式被我们确定下来。

农业王国尽管风景如画，却也十分令人心碎。只有那些曾经见过埃及、俄罗斯或北非拉犁农民的人，才会对早期农民的艰难困苦有一个比较清晰的概念。在博物馆里，一把阿拉伯犁看上去很有趣，但它充其量也不过是一把略微有力量的铲子。只有同时可以代替一千只手进行工作的蒸汽犁，才是更符合现代人眼光的奇迹。早期的工具用来从事的工作极其艰辛，而现代工具所从事的工作就像一首浪漫的散文诗。

"现代人眼光"的术语也许不太准确，"人类眼光"是更好的表达方式。更聪明、更仁慈的人总是把不必要的劳累当作令人讨厌的损害。在各个时代，我们都听说过不同的发明创造意味着减轻劳动者部分负担的说法。工人们受到数世纪的威胁和凌辱，难以创新，就像那些陷入囹圄的小鸟，可能会与那些抓住它们的人抗争一样。因此，那些原本可以有效避免无休止的愚蠢苦役的革新方案，最后可能仅仅只是作为一纸蓝图，放在了某个被遗忘的科学天才的书桌里。

潜水作业

温西（Vinci）村伟大的莱昂纳多（Leonardo）就是一个极好的例子。莱昂纳多的想象力异常丰富，总在思考此类问题。他曾建议用"增强之手"在一个山谷里挖水道，该建议最后并未付诸实践。毫无疑问，这个建议会让几个人失业，但却可能让数千人生活得更加惬意。然而，即使是那些会受益的人也对此持有怀疑态度，因此，莱昂纳多功亏一篑。如果是碰到商人们恰巧希望有一只可以在水下工作的手，并开始试验挖泥机，莱昂纳多在低地国家（荷兰、比利时、卢森堡的总称）对"增强之手"的推广就很有可能取得成功。但是，他住在意大利。在那里，这种问题并不是很严重。古代的船并不需要多高的水位，几乎可以在任何地方停泊。然而到了中世纪后期，特别是在沿北海海岸，河水与潮水对港口损坏严重，非常有必要想出某种办法从河流或海湾的底部挖走淤沙。于是，荷兰和英国的工程师们完善了意大利同行的陆地挖泥机，做出了漂浮的平底驳船，并配备了可以在水下挖泥的铁铲。但是这样，如果在港口底部（有时深度达60英尺）挖泥的铁指头哪怕罢工一周，90%的国际商业活动都要立即停滞不前。

问题是，挖泥机在水下只能做一种工作。为满足对外贸易迅猛发展的需求，着实有必要考虑一种方法，能够将整个木匠铺和铁匠铺都搬到河床。然而，木匠铺和铁匠铺的成功运作有赖于木匠和铁匠的存在，而木匠和铁匠不管干什么活儿，首先都要确保有足够的新鲜空气。

当然，对于一个优秀的游泳者而言，潜到水底采几只牡蛎（就像在特洛伊城被围攻时的希腊人那样），以及在水下停留60~80秒钟是完全可能的。但是，当一个人被派到水底修补船上的漏洞，或者打捞一箱被暴风雨冲到船外的很重的金子时，短时间的潜水就变得无济于事。此时，必须有一种工具，来保证他的肺部能够得到源源不断的氧气。

人们首先在这方面做出的努力，是利用一根铜管把潜水员的嘴巴和水面联结起来。但这种方法只适用于浅水作业。此后，铜管逐渐被皮管取代。人们借助猪膀胱的浮力，让皮管口长时间地漂浮在水面上。这种皮管后来成了唯一的潜水器具，人们使用它长达两千多年。17世纪末，一位意大利人终于想出了一个好主意。他尝试着借用一副普通的手用吹风器向皮管充气，首次试验便大获成功。从那以后，人们开始不断地改进水下之手或潜水机器。因此现在，我们可以在180英尺以下本应该令人生畏的深度修理船只或者采集海绵。人们也把潜入海底看得像从地上捡起一块石头一样轻松自在。

绳索

杠杆

滑轮

原谅我要比原定计划提前一点儿了，也许我应该先告诉你们一些其他更为原始的工具。人们在好几万年前就发明了它们，它们曾经对人类历史的进一步发展做出过巨大的贡献。

比如杠杆，它是极为简单的发明物之一，人们常常会说它们就像山一样长久。不错，和任何由人类之手发明的其他东西相比，它在改善自然景观方面有更显著的作用。事实上，它虽然是一件再简单不过的工具，但如果没有它，金字塔、史前陵墓遗迹，甚至其他任何由巨石和花岗石构成的史前寺庙、陵墓，都不可能建造起来。因为杠杆成功地将手和臂联合起来的力量无限倍增。在其随之改进的现代形式中，它足以将从火车头到房子的任何东西举起，常常是只花几元钱，就可以干1000只手的活。

与杠杆发明紧密相连的是另一项发明物，它能帮助人拉起的东西要比他所能搬动的物件重得多。出于此目的，一个人所需要的就是一只能特别延长的手，这就是我们今天所熟悉的"绳子"。

我并不知道人类的第一根绳子是麻制品还是皮制品。但是据考证，由于尼罗河谷和美索不达米亚地区引进棉花和麻都较晚，因此，用皮革制成的系绳应该是两者中更早的那个。然而，即便有纤维搓成的绳索帮忙，对于几名干瘦的奴隶来说，将重物拉扯到脚手架的顶部，还是一件非常痛苦的操作。可喜的是，经过多年的试验，巴比伦人终于为人手配备了一种滑轮（或滑车），它能让一两个人就可以干过去100个人才能干的活儿,从而极大地减轻了从前拉力活的劳动强度。

后来,希腊人借助杠杆、绳索和斜面这些发明的帮助,建造了他们的大部分建筑物,而古代世界的建筑师罗马人,出于对道路、堡垒、桥梁、港口工程以及沟渠的热爱,又极大地改进了滑轮,让它变成了现在的样式。他们甚至还专门著书介绍制造滑轮和木制构件的最佳方法,这是他们赠予中世纪人们的一份出人意料而又极其实用的遗产。如果没有各式各样的滑轮,在14世纪,人们就无法驾驶大型帆船,如果没有这些大型帆船,欧洲国家就注定无法逃离自己的小陆地,而永远处于孤立无援的境地。

随后,我们不得不来谈一谈人手的另一个特性。它以其多重的样式,在现代社会中产生过更为重要的影响。

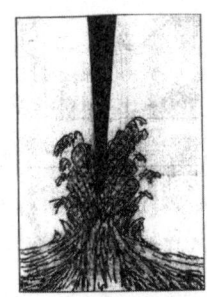  

毁灭　　　　　早期的杯子　　　　　高粮仓

我们都知道,手除了握住、举起、拉动和打击之外,还可以做大量别的事情。它也可以做容器用,就像你曾经借助手把水从小溪中捧起,像用杯子喝水那样。在必要的时候,把两只手掌靠在一起,就可以成为一个容器,可以用来携带许多坚果或者草莓。当然,把两只手靠在一起所能发挥的作用只是暂时的。几分钟之后,它们就会疲劳,就需重新放回到身体两侧的正常位置上。

5万年以前,就像我们今天所知道的那样,人们在寻找一种更持久的容器,它可以储存粮食,如果可能的话,还可以储存水。后来,他们在敌人尸体的颅骨顶部发现了这种容器,头盖骨的这一部分与两只手合在一起的形状极其相似。它们到处都是,因为将死人埋葬的想法毕竟出现得相对较晚。头盖骨虽然是一种令人恐惧的菜盘子，但是与穴居人生活方式相同的古人类是不会在意这种区区小事的。于是，人的头盖骨开始风行，甚至进入了北部人们的宗教中。诸神们也一律使用对手的头盖骨做饮水杯，并向忠诚的战士许诺，如果他们能够在战场上拼死克敌，就能享受到同样的奢侈品。

从头盖骨直接跳转到粮食谷物仓库的讨论是很容易的，因为这两者同属手的替代品。但是，在人类开始学会建造仓库、水罐和储藏室之前，用手作为容器着实经历了不计其数的中间发展时期，其中一些还颇为有趣。

如果我们没有搞错的话，头盖骨（或者手）的第一个人造替代品应该是篮子。篮子的编织艺术是人类最古老的手工艺之一。石器时代的人们喜欢居住在河边或湖岸周围，那里生长着大量的柳树，灯芯草也几乎随处可见。因此，篮子在原始社会得到了莫大的荣誉，以至于整齐缠绕的细枝和芦苇的图案一直远远流传到了中世纪，成为石匠们钟爱的模型，被他们刻在了大教堂的柱子上。

篮子

水泥墙

当然，任何木制品都极易腐烂，有关古老的编织匠的技艺，如今我们只能找到一些偶然的证据。然而，他似乎是早期社会一位非常重要的成员。当人们学会用皮革或黏土覆盖柳条制品外表的时候，人们对编织匠的敬意更加浓烈了，他给予了人们太多有用的发明物。

比如，在编织物框架外表包上动物的皮可以造成船。随后，人们又发明了轻便、可携带的盾，它获得了驰骋疆场的士兵们的一致青睐。

除此之外，黏土覆盖制作法有助于房屋的建造，方法是把湿土抹在以柳条为框架的房屋表面。几年前,当建筑师开始用钢筋水泥建造房屋时,他们再度使用了这种方法。但是,纵观整个人类文明,编织工艺最有趣的发展和最有用的形式,是在编织物里面抹上一层厚厚的黏土,这让容器制造商生产出了一种全新的、改进型的且不渗漏的碗。

当然,新的发明并非完美无缺。很长时间内,黏土都是又软又粘的。然而,它比从前市场上出现的此类物品要好很多,因此销量一直很稳定。

然而篮子转变成土制罐子可能是出于一种偶然,但偶然事件在人类的发明史上总是起着非常重要的作用,值得在技术名人遗物收藏馆为之立一尊塑像。也许是一不小心把篮子掉到了火里,也许是大火烧毁了洞穴,也许是掳掠探险引起了一场大火,而后毁灭了整个村庄。不管是哪一种原因吧,当大火被扑灭、垃圾被清除时,人们赫然发现,细枝和灯芯草外的保护层已经被火焰吞噬。但是,内层黏土不但被保留下来,还变成了一种和石头一样坚硬的物质。

这,就是陶器的起源。

此后,篮子逐渐被彻底抛弃,被烘烤过的、外表酷似人手凹陷形状的黏土片则完全取代了老式的、用草或柳枝所编织的容器。

陶工的转轮

泥土覆盖的篮子

制作陶器的黏土最初是从河床获得的。在手指的帮助下,它被制作成了凹状物,但这是一种缓慢而令人不太满意的方法。直到埃及人发明了陶工旋盘,才出现了新方法。起初,陶工们用左手转动旋盘,右手制作陶器。渐渐地,旋盘被放得越来越低,最后触地,变成了一个圆盘,用脚便可以让它旋转。与此同时，烘烤成品的技艺也取得了长足的进步。

很明显，是中国人首先构想出了用窑烧制陶器的办法。窑是一种炉灶，四面可以紧紧关闭，窑内的制品就能在木火均匀的温度下烘烤。这种新方法通过巴比伦人（四千年前巴比伦人起到了连接亚洲和欧洲的作用）的介绍，很快传遍了西方。希腊人和罗马人后来成了陶工方面的专家，并且通过引进一种完善的上釉方式，在制陶领域里创造了新的奇迹。他们喜欢给花瓶甚至是普通的家用饭锅、盘子表面涂上漂亮、平整、光滑的釉。比希腊人和罗马人更早使用上釉技术的是埃及人，而他们又是从腓尼基人那里学会此技术的。

玻璃的发明

这是我第一次有机会提到腓尼基人。他们是古代世界的中间人——地中海的运输业者。他们什么物品也不制造，只从事销售。他们对文学和艺术不感兴趣，对古代世界赠予我们的全部技术进步也几乎没有任何贡献。不过，十分奇怪的是，尽管他们靠贩卖奴隶大发横财，而且因为在讨价还价中残酷无情而到处遭人痛恨，然而，他们却与两项有文字记载的重要发明有着直接的关系。

其中一项是玻璃杯子，另一项是字母。前者用于保存液体，后者则用于保留思想。

不过，即使到今天，在谁制造了第一只杯子这个问题上仍然存在着严重的分歧。按照罗马人和希腊人的观点，是一位腓尼基商人在穿越叙利亚沙漠时，极其偶然地将烹调锅放在了几块泡碱上。早上起来后，他发现沙漠的沙子和泡碱溶化成了小块透明的物质，似乎完全可以代替念珠和珍珠。

腓尼基和埃及是近邻，一列现代的火车花不到十个小时就可以轻松地由此及彼。不久，孟菲斯（古埃及城市）和底比斯（埃及尼罗河畔的古城）的珠宝商们开始将玻璃项链卖给顾客。在摆弄了一阵子新材料以后，他们发现，将这种材料放在温火上烤烤，能浇铸成各式各样的形状。有几张非常古老的埃及图片，似乎可以证明埃及人此后还学会了使用吹管，制作出酒瓶和花瓶。然而，这些图片却让人疑惑不解。人们搞不清楚他们究竟是代表玻璃制造者呢，还是代表了其他的行会成员。

不过，昔日的罗马人在吹玻璃的技艺方面堪称巨匠。在罗马帝国时代，玻璃成了陶器的主要竞争对手。早先只能用细枝或黏土制成的各式各样的容器，现在都可以用玻璃吹制出来了。

手增强了人的力量，同时，也开始变得脆弱。

正如我前面所说的，偶然事件在发明史上起到了非常重要的作用。然而，势利行为也非常值得一提，它刺激着我们使用的日常用品日趋完善。

起初，普通的陶器对于罗马的上流家庭来说相当体面。但是，当英国和莱茵河谷的土窑开始用廉价的陶器充斥罗马市场的时候，贵族们意识到，不能再将每个无产者家里都可以见到的大杯子和盘子摆到自家的桌子上了。因此，他们情愿慷慨解囊，购买那些稀有的玻璃花瓶、酒瓶和单柄的大酒杯。无论何时，只要某些社会成员愿意挥金如土地购买某种特殊的奢侈品，相应的艺术家阶层就会适时地出现。他们不仅渴求也能够满足贵族们的这种需求。

罗马人是拙劣的画家、缺乏热情的作家和雕塑家，但是，他们在饮食方面却是讲究十足的大师。别的暂且不提，进餐应当在庄严的场合，就是他们最先清楚地认识到的。在他们看来，进餐绝不是能抓到什么就抓什么，而是争夺最肥的羊肉块和最油腻的髓骨的比赛。虽然，他们未能成功地给予我们极为有用的替代品，比如，用叉子（之后才发明的）代替人的手指，但是，他们教会了世人如何体面而优雅地布置餐桌，从而使人不愉快的进食过程变成令人愉悦的饮食习惯。这是人类饮食沿着正确方向迈出的第一步。

人们一旦发明了人造容器，过去许多赤手空拳办不到的事情就成了可能。

餐桌　　　　　　　　　　　灌溉田地

比如，在由杠杆、提桶和绳索所构成的简单浇灌设备的帮助下，位于河流湖泊之上的大片土地就变得肥沃富饶起来。其结果是，它们比从前养育了更多的人。因此，在几个世纪之内，好几个国家的人口都实现了两三倍的增长。

但是，在另一方面，起着搬运作用的手对人类的普遍幸福也做出了巨大的贡献。我之前提到过沟渠和水利工程。古代人对医药并不擅长，尽管医生们对生理学略知一二，但对今天在普通中学都会讲授的许多事情却一无所知。然而，他们能够认识到，无论在哪里，只要有人群聚居，就绝对有必要提供干净的饮用水。

小溪与河流的自我净化，或是有机会暴露在阳光下，都能够清除众多邪恶的微生物。可是，当城镇发展得越来越快，贫民窟挤满了越来越多的乞丐时，附近的河流就会迅速变成极易繁殖细菌的污水池，被无数忙碌的小细菌群污染。虽然，人们可以从附近的山里用手、杯子或者是木桶取水，但是这种操作相当缓慢，效率太低。因此，手最终（起到容器的作用）逐渐地演变成了沟渠。

有些人曾经目睹过古代建造的水利工程，也见到过充满泉水和水源的城市遗迹。他们会认为，最先想到用这种方法给数百万人民提供新鲜山水的工程师们才是让人类得以生衍的真正恩人。

因此，我们要暂时告别盛在"容器"中的水，来谈一谈作为抓握工具的手。

高架渠　　　　　　　门锁　　　　　　　城堡

在手的这种功能特性方面，它首先是以锁的方式出现在凡人面前的。因为，人一旦为自己建造好了房屋，就难免克制不住用大量财产充斥自己房间的欲望，或者是为了增进自己的幸福，又或者是期待给自己愉悦的感觉，好让邻居们嫉妒他的富有。

于是，为了确保自己的物品不被他人注意到，他被迫闩上了门，并控制着大门，不让其他人进入，而他自己则随便进出，永远不会被阻挡在外面。这听起来很容易，在那个年代要实现却是相当困难的事情。当然，普通的门插销就可以达到人们预期的目的，但是它让屋子的主人永远得待在房里，与家用物品关在一起。直到后来，有人发明了一种方法，如果持有正确的铁针，就可以让主人从外面把插销打开。

门插销和针的结合形式最后演变成了现代的锁。尽管要可靠得多，但在本质特性方面，它与我们在公元前13世纪的埃及图片上所看到的门闩并没有多大的区别。

无论这些物件被人们赋予什么样的名字，它们都是人手的真正替代品。

无论是那些风景如画的城堡，还是在中世纪控制着从一个国家到另一个国家的大山要隘，抑或是那些保卫前线、防止外国侵略的要塞，它们在本质上都不过是上了插销的门。或者按照本书的说法，是升华了的手。手的力量极大地增加，最后在广义上以更简朴的形式做到了我们的门锁所能做的一切。

这将我带到了另一个话题，我应当特别花心思来讨论它。

就像我以前评论过的一样，手是没有灵魂，没有良心，没有感情的。它有时可以为人类祝福，有时也会拔出一把匕首。为了生存，每个生灵都会被迫毁灭一些其他生灵（无论牺牲品是一朵雏菊还是一头奶牛），这就是创造世界的方法。因此，人类利用双手巨大的倍增力量来获取更固定、更丰富的食物是无可厚非的。

史前的渔夫

首先，他用石头代替赤手空拳来实现这一点。

然后，他削尖石头。

最后，他把削尖的石头变成了斧子、刀子以及鱼叉。

特别是在漫长的寒冷期，他借助鱼叉得到了足够多的东西。他从早到晚地劳作，完成了非常了不起的业绩。但是，这些还不足以满足他的胃口。随后，他意识到，手如果能转变成巨大的长柄勺子，就能代替使用矛的同一只手而舀起更多的鱼。于是，他发明了渔网。它就像某种捕捞机器一样，伸入水底，然后一次能够捕捞上来千条鱼。

我既然提到了打鱼，就想顺便说一说，渔船也许并不是非常令人愉快的东西。但你又能怎么样呢？它们对人类来说是必不可少的。人要活，鱼就必须死。遗憾的是，它们还得慢慢地窒息而死。幸运的是，它们从不说什么，因为自然没有赋予它们声带。此外，人类从早期开始，就已经习惯了看着其他生灵窒息而死。他们发现，这是除掉敌人或者战俘（奴隶市场上的滞销商品）最容易的方法之一。

我们不知道是谁将手的扼杀能力完善化的，直到它变成极其实用的现代绞刑架。当然，埃及人（一个温顺而又热爱和平的民族，贫穷而又诚实，有吃有喝，不会嫉妒其邻国的财产）并不知道这种惩罚形式。希腊人虽然是伟大的斗士，但作为刽子手似乎还比较欠缺。此外，他们是有着优良艺术传统的民族，情愿让自己的罪犯惬意而体面地在一个舒适的房间里，大口地喝下一种酒与毒药的奇特混合物，边与朋友聊天边终结自己的生命。但是，罗马人是对"系统"崇敬的民族，他们发现绞刑是除掉社会不良分子最行之有效的方法。因此，在中世纪，其巨大的刑具库里保留了绞索。它是一种温和的惩罚形式，施用于那些值得特别对待的人。在这里，既然我们接触到了人与人之间残酷无情的话题，那就在此尽快完成手作为暴力工具这一小章吧。在我看来，我们越快结束它，对我们的自尊就越有好处。

拖网渔船

现在，你可以清楚地认识到，战斧不过是大大改进了的拳头。当你掷出战斧（一种古代风行的作战形式），它就变成了远距离发挥效用的拳头。只是，如果仅仅用手臂肌肉的力量投掷战斧、梭镖和石块，一定不会投掷太远，必须有更好的办法。全世界都需要发明一种方法，帮助人们发射出致命的导弹（带有锋利尖状物和类似剃刀片的手），以便穿过相当长的地面、空间距离（让投掷者能够远离敌人刀剑的一种有效办法）。事实上，在数万年间，成千上万的人都将毕生时间奉献给了这一研究课题。直到弹弓和弓箭被发明出来，这个难题才得以最终解决。

绞架

由于弓和箭的准确度较高，它们被留存至今。弹弓则在使用了很短暂的时间之后就被废弃了。弓、箭无论在形状、体积还是在致命性上都不断地得到发展，直到接近中世纪末，我们的老朋友莱昂纳多赠予了同时代人一种固定式的弓和箭。其威力就像小型加农炮一样，可以让重重的箭身穿透当时市售的任何一种盔甲。

弓和箭

但是，在战争领域，总是有人表现出令人惊奇的聪明。每一种新的攻击方式的问世总会伴随一种新的防御方式。这让攻击变成了一种时间和精力的浪费。第一根石矛刚被发明时，就有人很快发明了盾。之后，制矛者纷纷忙乎起来，尽可能地磨光其矛头，直到矛头可以顺利地刺穿普通的柳条盾。接着，制盾者又忙碌起来，用牛皮包在盾上。随后，制矛者再度上阵……如此反复，为我们造就了今天的巨型军火制造商和大型枪炮专家。

然而，在14世纪，磨矛者肯定有一段时间曾经智胜过制盾者。因为人们发现，由硝石、硫黄和木炭构成的化合物——灾难性的邪恶力量三位体，在当时仅仅用于燃烧的目的——具有巨大的爆炸可能性。但它们与空铜管结合起来，可以投掷巨石，使之穿越几百英尺的领土。

这项新发明姗姗来迟，以至于十字军的参加者们未能用上，否则他们很有可能会赢得巴勒斯坦。相比之下，14世纪中叶以后，新型的"冈尼大炮"则几乎参加了每一次战斗。

这个怪词的由来我不能确定，有人提出它是冈尼尔德（Gun nilde）名字的缩写，这是用于投掷石头炮弹的炮筒的名称。这种说法可信度很高，正如早期极可怕的东西都以时髦的女士的名字而命名一样。克鲁伯太太工厂生产的42厘米口径大炮不就被充满爱意地命名为"迪克·伯莎"了吗？

固定的大炮

带轮的大炮

伪装的大炮

名字并不重要，重要的是嘈杂的大炮筒不久便流行起来。作为最有力的长距离拳头，迄今为止，它一直是战场上的宠儿。它让迅速移动、快速射击的步兵如虎添翼，而这些步兵过去完全受着穿盔戴甲的骑兵的支配。以至于贵族骑士们立即通过了一项严厉的法律，宣布这项革新"违反了一切文明战争的原则"，并威胁每一个使用军用射石机或大炮的人，一旦被俘虏就会像处置海盗和人类的敌人那样被迅速绞死。

上述做法对于贵族权力的维持并没有多少好处，"冈尼"大炮对于那些长期受苦受难的市民和农民来说，是非常有价值的助手。这个笨拙的家伙一直被保留下来，给封建的城墙和皇家城堡造成了巨大而无穷尽的破坏。人们后来甚至为它配上了一对车轮（变成一种可移动的手），让它成为不断得到改进和被精心照顾的对象。

从精神价值来看，这种安排也许并不理想。但从实用的角度看，其价值不可低估。在迅速发展的城市中，居民通常比其尊敬的主人拥有更多现金。这些主人往往居住在祖先们留下的乡村城堡中，屋檐漏水，心情烦闷。因此，前者最后总是能有效地剥夺掉后者在社会中的领导地位，而让自己升居高位。众所周知，他们从传奇的伯索德·施瓦茨（一位德国修道士，似乎发明了一支有实用价值的枪）的发明中得到了巨大的益处，在这里我就不重复了。

我也不想在手更为复杂、最致人命的一种形式——军队方面花太多的时间。大多数的历史书中满是这些绅士的功绩，他们精于"手工"，利用各种阴谋诡计，"处置"数百万的同胞。他们对人类生命神圣性的漠视与其对手比起来有过之而无不及，但他们最终却还能得到最大的荣誉，获得最多的塑像。

之前我已经描述过作为敲击工具的手。毫无疑问，石锤的发明者应该是喜爱坚果、龙虾和牡蛎的人。但是，当人类渐渐地变得驯服，更专注于家务时，他们开始厌倦那些几乎无一例外由死动物构成的食物，而在极无规律的膳食里加上了一些粮食（正如我们从已发现的大多数尸骨中所了解到的，史前人不是暴食就是饥饿，结果极少能活到高龄）。一些四处漂泊的部落也开始厌倦那日复一日地流浪—饥饿—饥饿—流浪的日子，他们定居在山边舒适的牧场里，开始过相对悠闲的日子。很快，在驮畜当中的一些更为聪明的女性发现，在小块肥沃的土地上可以种植一些粮食新品种，于是，她们用尖利的木棍费力地耕种。久而久之（需要数百年的时间才能发生），便出现了新的需求，发明了一种比用手或锤子砸开某些食物更有效的方法。

如果从发明的角度重新评估这个要求，它意味着人类的双手逐渐向杵和臼转化。人们生产哪怕最小量的食物或橄榄油都必须进行无休止的敲打—捶击—捶击—敲打，而当他们对此深感厌烦时，臼便自然而然、不可避免地在开始磨坊中出现并发展。

起初还只是用人工转动磨坊的臼石，两个人、有时是一匹马或一匹骡子转圈，机械般地均匀推动沉重的磨石。这样的方式只能完成很少量的工作。直到罗马人发明了一种能够传送能量的方法之后，乐于助人的溪流或河流才代替了手的工作。

军队

水车在世界上所有的山地国家都取得了巨大的成功，在平原国家却几乎毫无用处。从另一方面说，山地国家的土地上蕴藏着丰富的动力，这在与地中海接壤的国家中是不多见的，这就是风。所有北欧国家的小木屋的地下室都安全地隐藏着一对磨石，它们向高高的天空举起手，要求把人从单调乏味的工作中解放出来。

起初（12世纪磨坊似乎已经在低地国家普遍使用的时候），这些人造之手被装在木排上。无论风向何时变化，整个机器都能转动起来。后来，磨坊的顶部被建成了可移动的方式，这些翅状物开始干起以前由人手干的近百种不同的工作，比如，锯木、造纸、准备鼻烟和香料、制造缓慢转动的老式灌溉工具、把粮食备好上市，等等。

所有这些不同的工艺程序要成功运作都倚赖于风力的稳定。在远离海洋的国家，风车并不可靠，如果再没有水力，就只能被迫用人（一种效率差且费时的方法）或者马（虽然这意味着速度可以加快，但需要更大的一笔管理费用。买马必须用现金，而当时雇用妇女和儿童，一天只要花两便士）来使机器运转。因此，人们需要发明一种绝对不依赖于自然力且价格合理的新型动力。

有史以来，人们就知道，一种从土里挖出来的黑色物质（有时非常接近地表）是最好的燃烧材料，它比木头、泥炭或干海草要好得多。罗马人称之为"碳"，希腊人称之为"无烟煤"。当我们的祖先在中欧的森林出现，见到这种最初的文明萌芽时，把它取名为"煤"。它只不过是亿万年前被储藏起来的压缩能量，而当时烈日炎炎，大地湿润，地球绝大部分被参天大树覆盖着。

风车　　　　　　压缩的史前能源　　　　形成中的史前能源

罗马人和希腊人试图了解这种压缩能量的全部，但作为蹩脚的采矿工程师，他们并不知道采煤的更好方法，只能让奴隶用赤裸的手指或石锤去挖掘这种易碎的物质。总的来说，这个方法不大成功。

17世纪，随着商业和国际贸易的恢复，人们对煤的需求量不断加大，作为当时主要生产国的英国开始认真地开发起矿藏来。然而，当时的矿井只是临时用来凑合的，很少能进入地表以下的深处。即便如此，人们发现它们也难逃地下水的侵扰，除非不停地使用手的另外一种替代品——所谓的"水泵"。

然而，水泵的花费很大。起初，人们用手来操作它。之后，他们开始用马和骡来代替男人女人们。即便如此，要保持井架的干燥仍然很困难，水泵吞掉了不少从卖煤中所获得的利润。全世界的煤矿主都吵吵闹闹地要求发明一种机器，不仅花费少，而且可以代替马和人手正常地工作。后来，几个有科学头脑的市民回忆起了他们曾读过的一本书，其中提到1500多年以前，在亚历山大曾使用过一个用铁和火制成的人造奴隶，据说十分成功。

然而，传说中的主角"燃火机"已经和罗马帝国一起变成了历史的陈迹，至于它们的构造细节更是模糊不清。不过，一些勇敢的德国人、法国人和英国人还是决定重建这些工具。在较短的时间里，他们便宣称找到了诀窍，复活的"燃火机"已经准备就绪，等待检验。

正如人类发明史上经常发生的事件一样，费力地赋予无生命的物质以活力是一回事，克服大众的思想惯性却是另一回事。虽然一些人对此并不惊奇，但这个行星上的大多数人并不是英雄。他们就像树木、小鱼和田间的牲畜一样，不想冒险，只想确保在生存条件不遭到突然的变化，否则他们就要改变长久以来已经熟悉的老习惯。因此不得不说，这个世界的开拓者是那些冒险精神大于安全欲望的人。

这就是为什么开拓者总是被邻人仇恨，而极少（除非他们有百十来人住在一起）得到社区其他人对其服务的感激。

这就是为什么丹尼斯·帕平、德拉·波塔、乔万尼·布兰卡和武斯特的马奎斯在试图使小水滴代替人手干活儿时，要经历那样的千难万险，也是美国的菲斯克为什么被逼自杀的原因所在。

他们的脚踩声、哼叫声以及呻吟的车轮、杠杆遭到了所有正统公民的深深质疑。那些隆隆作响的由石头和钢铁构成的奇妙装置、爆发的火焰以及喷出的烟雾，让数百万人的生存条件发生了最可怕的变化。从远古开始，无数的人早已习惯了像负重的牲畜般被凌辱，他们也早已接受了这样的宿命。他们只是把自己当成有生命的手，从摇篮（或者从五六岁起）到坟墓注定就是要不停地拖拉、搬运、升起。这不是很幸福的命运，但它并不怪异，它是安全的，这就是普通人享有的一切。

因此，当发明家告诉千千万万不幸的奴隶，地表下面蕴藏着大量被压缩的人力和马力，可以用来代替辛劳操作的人手进行工作的时候，他们马上会问一个问题："我不得不改变自己已有的习惯吗？我必须学做其他事情吗？"当得到的回答是"对"时，他们就不想再听任何进一步的解释了。最终如何从可怕的劳作中解放出来，如何获得更多的财富，如何减少苦役和劳累，他们对这些细节丝毫不感兴趣。发明家会终止他们一生的习惯，使其被迫过上不同于其祖父和曾祖父的生活。这一切就足以让他们谴责亵渎神明、傲视上帝权力的人造手，足以让每一个牧师想要诋毁发明家的无耻罪恶，因为他们在努力改进上帝的创造物。

詹姆斯·瓦特是成功的，不仅是因为他用这样的办法改进了火车机头（可以不用人手不断地帮忙就能运作），更主要是因为他是最新式火车机头的热衷者之一。到他取得专利之时,全世界已经听了150年的宣传。宣传中称赞蒸汽是肌肉的替代品,而此时反对派的力量也已经大大减弱。

这开始了人类历史上一个崭新而奇妙的篇章。

蒸汽机的发明取代了在矿井抽水机工作的马匹。人们渐渐地发现,同样的机器可以用于众多目的。之后,全世界都开始使用蒸汽机。这样,开发越来越多的煤矿就变得十分必要,因为那火怪巨大的胃一天要吞下数百万吨的煤。人们不得不开采越来越多的煤矿,于是,越来越多的史前能源被挖出地面以维持机器的运转。直到煤成了世界公认的支配者,拥有煤矿数量最多的国家拥有了对其敌手发号施令的特权。

然而,这的确不是什么令人欣喜的开发,也根本不像人手的世俗替代品发明家所预言的那样。与所有崇高的期望相悖,几年前刚从最低级的体力劳动中解放出来的人,现在又沦为了无生命的怪物的奴隶,它甚至比20年前人类的工头还要冷酷无情。

冰　　　　　　释放的史前能源　　　　　　发电机

只有一件让人们聊以欣慰的事情。耗煤机器的时代似乎注定只是发展中的一个阶段,即使在今天它也显现出了行将结束的征兆。这不是因为地下压缩的史前能源面临着枯竭的危险(我们离此还太早),而是因为使用煤会给人类带来很多的问题。首先是难以开采而且肮脏。自从工业时代以来,煤矿开采就是最受凌辱的社会底层的劳动。它还是一种危险的行业,当太阳在世界上的其他地方绚烂照耀时,开采工要在地下几千英尺深的地方干活儿。矿井和储藏煤的地方毁坏了方圆数英里的全部风景,把煤从矿井运送到最终的使用地也注定要付出沉重的代价。

然而，只要蒸汽机还是人手的唯一替代品，我们就必须开发必要的动力，让百万台现代机器的轮子运转起来。在这一点上，我们别无选择，正如一些人还记得大约一代人之前煤不可避免地被发现一样。

今天，在世界上的许多地方，每当矿工们休假时，社区的人手就变得异常紧缺。每个人不是饥饿，就是寒冷。但是，我们对于煤的依赖已经不再像以前那么绝对了。从某种程度上来说，蒸汽机已经不再是主要的动力来源。在它大约到了60岁的时候，一个小兄弟出现了，这就是发电机。它的名称主要取自一个被人长久遗忘的希腊祖父的名字，他也属于动力家族。在其出现的最初几年里，这个孩子非常虚弱，甚至一度看起来无法存活，他的教父迈克尔·法拉第所预言的好运似乎马上就要成为泡影。

但是，随着人们对动力需求的不断增多，将机械能转变成电能的方法最终被证明是极有价值的，不能随意被抛进机械古玩的博物馆里。今天，发电机对社会的价值就像当初蒸汽机代替人手劳动一样，而它那轻柔低沉的颤动声远比呼哧作响、气喘吁吁的表兄更受人们欢迎。

然而，大约半个世纪以前，正当蒸汽手和电手这两大发明似乎要瓜分世间所有的工作时，另一位小兄弟的到来让这对老朋友既愉快又惊讶。它成长得极其飞速、迅猛，以致在极短的时间里，便大有将其年长的兄弟和其他可敬的亲戚赶尽杀绝的架势。这个自命不凡的家伙就是发动机，它靠腐烂的动物质生存，就像蒸汽机靠古老而腐败的植物材料生存一样。

形成中的油田

油井

发动机每天从深藏于地下具有巨大储藏量的油性物质中汲取营养，有人猜想该物质的应用是在4000年以前。在那些日子里，人们只是把从岩石、土壤的微孔中偶然渗漏出来的油用于照明。石油是什么，无人知晓。即便是今天，对这种必不可少的燃料的起源，我们也只能是基于所有的化学知识做一番猜测而已。尽管我们似乎有理由假设石油是一种动物产品而非植物产品，它是由数百万年前生活在地球海洋里那数不胜数的微小生物的液化残骸所组成，但我们并不敢肯定。尽管小滴的汽油（一种从原油中提取的物质）变得如此重要，以至于完全掌控了帝国的命运，但它们仍然是一个谜。这就像当年埃克巴塔纳和巴比伦的人民，利用几桶石油便烧毁了对方的城市一样令人费解。

　　然而，发动机本身对其食物的科学合成从未表现出任何兴趣。它不断地以迅猛的速度发展着，作为手的替代品，迅速获得了巨大的声望。可它还是一个贪得无厌的家伙。为了让它满意，我们不得不仓促地去开发那些液化动物质的史前储藏地。许多严肃的科学家已经警觉，他们预言，由于缺少适宜的营养，这种内燃机终将面临灭绝的命运。

　　而在我看来，我们大可不必过分担忧。最终逃离苦役、相对自由幸福的人，决不会不进行激烈的斗争而再次屈服于类似其祖辈受奴役的命运。无论在哪里，这种内燃机都在试验新的人手替代品；建造利用气流的新型工厂；迫使瀑布、山涧和海潮为其发电，等等。最后，他将思索的目光投向了至今仍完全处于浪费状态的太阳射线。他正在试图（到目前为止不太成功）让煤炭液化，或者发明出一种新酒精，使之可以代替油原料。有了它，那贪婪而又构造精制的发动机及其巨大家族的奴隶们才会得到幸福。如果没有油原料，它们势必会拒绝转动，拒绝干活儿。

　　对未来的技术发展所做的预言极大地丰富了世界文学的创作。在我看来，某个发明天才应该发明一种方法，用黄蜂与蜂鸟的翅膀做成小型的旋风。该旋风可以被转换成运行所有发动机所需要的能源。我确信，在最后一个油田的最后一滴油被抽取出来之时，人类的综合智慧将会发现一种新的可以让所有发动机保持运转的方法。

　　任何东西都不会像爱好舒适那样具有永恒的感染力，一辈子习惯于开轿车的人是不会回到公共马车上的。他们会不惜花费最后一分钱来寻找对他们来说合适的替代品,代替从地壳下涌出的臭味十足的原料。

我碰巧属于哺乳动物的种族,但我并不是一个疯狂的热衷于其所有成就的人。我常常觉得,我的狗努多能够从其犬属动物的生存中所获得的快乐远远超过了我的大多数朋友,但那毕竟只是一种暂时的心情。可爱的德国小猎狗生活在一个"一切都供给"的世界里。为了换取它那似乎任何东西都不可比拟的、无限忠诚的献身精神,人们为它提供了体面的床、充足的食物和舒适的洗浴。

也许,如果我排除掉所有的忧虑和烦恼,温顺可人,并停止追逐邻居的猫,当别人叫我的时候,我便应声而来,那么,我也是可以平静而满意地看待生活的。但是,我将得不到我们被赋予的、优越于其他动物的基本的满足——我将永远不能认识到这个地球的确是在转动,正如已故的伽利略·伽利雷所观察到的那样。当然,我不是就围绕太阳旋转的意义而言的。我的意思是说,变得稍微聪明些,对我的大多数邻居不像以前那么凶狠,而是多些宽容。

搬运工具的工人

不幸的是,人类的手依然在突飞猛进地向前发展,而大脑却在以令人恼怒的缓慢速度发展——简单地说,就是我们虽已经生活在1928年,然而,在精神上,我们只比最早的祖先进化了一点点——总之,我们是无用的,不过是乘着雪佛莱牌轿车兜风的穴居人而已——所有的这一切我都非常清楚。然而,我拒绝听从失败主义者的说教。他们力劝我不要进一步探究那些无法解开的秘密,因为探究它毫无希望。我们注定是要失败的，因为我们所有自吹自擂的知识似乎都只会带来毁灭和不幸。

比如，第一次世界大战就不是由于我们知道得太多引起的。

它用最惨重的形式证明我们知道的还太少。

从各方面对我们龇牙咧嘴的社会动乱亦如此。在所谓蒸汽机、发动机和发电机这些手的替代物发明之后，随之而来的便是机械和工业革命。如果说普遍的不满是这次革命的唯一结果，那将是极其愚蠢的。我不打算否认存在莫大的苦难，也不打算忽视这一事实：许多让这些无生命的怪物活下来的人都深恶痛绝地憎恨着自己的工作，并且有充分的理由这么做。

但是，这些条件和论点无关。它们都属于枝节问题，与事情的真相也无关。有人反对在医药领域里广泛使用麻醉剂，他们坚持主张不能用可卡因和吗啡为医院里的病人镇痛。因为曾经有几个虚弱的兄弟为了取乐而用鼻子吸了这种物质以后，发生了可憎的行为而被警察镇压。或许也会有人因为偶尔有一个愚蠢的12岁小孩追他父亲的汽车，掉进了农村的池塘而遭遇不幸，就纷纷谴责起汽车来。

然而，铁人已立稳脚跟，世界上的一切语言都不能动摇它的力量。

工厂

工人们用自己的双手干各种活的日子已经一去不复返了。除了几个高技能的行业之外，工人们用自己的臂膀背起简朴的工具包（他的增援之手）的日子也成为历史了。工人们坐在家里，挥汗如雨地使用着一些粗劣的旧机器，这些机器是从一些有钱买机器的人那里借来的，而且远不是手工艺工人使用意义上的那种精良机器，这种日子也正在接近尾声。以工厂形式存在的理想化、集权化的公共管理已经初露锋芒，反对这种极为有用的机构是愚蠢的，视而不见所面临的巨大困难也是一种罪过。无论何时，只要整个国家突然被迫采取激进的新思维和生活方式，而他们的思想还远未为此变化做好准备时，就会出现这种困境。

马上降临的机器时代就像冰川时代来临一样，是人们所始料未及的。恐慌中发生了许多不可避免的事情，人们很少愿意思考这类事情。但在冰川出现所引起的巨大的经济、社会变革中生存下来的人类，一定能找到摆脱这种困境的办法。

在今天的美国，最穷的穷人都有11个沉默寡言的奴隶为他们工作，而他们则可以将精力投入到其他事情上。沉默但心甘情愿的家伙，干着搬运、提取、吊起等劳苦的工作。一个世纪前，这些工作还都是手提肩扛的。

今天，即使是最穷的贫民窟中的居住者也能享受到某些奢侈品，而这些是查理曼大帝鼎盛时期（他是最有权力的统治者）做梦都不敢想的。

我知道，这听起来像是受雇于公共事业公司的职业宣传者的饭后演讲，为的是说服七级城镇商会多建一个电厂。

这真是天理难容！

无名奴隶

144

现代巨大的替代手，被错误地引导而且完全失去了灵性，留给那些贪婪的主人的恩惠，依然是无限量的伤害能力。

同样的理由，它也是无限量的善事能力。

我的朋友们，选择的权利在我们手上。

第四章
从脚到飞行器

也许诗人会赞美那一双双"轻巧如翼的脚"（莎士比亚在《罗密欧与朱丽叶》一剧中就曾谈到过这一话题），然而，对于一般的四足或两足动物来说，脚却着实是一个令人尴尬的话题。它们十分痛苦地行走在尖石或荆棘上，小跑、转动，负重疾驰，全力保障着主人的安全。然而，它们自身也是人体中最容易受到伤害的部位之一。因此，人类一旦认识到自己不再是低级动物，便会想方设法增强笨重而缓慢的双脚能力，发明出有效的替代物去完成数以万计的工作，以便解放至今仍隐隐作痛的双脚。

在人类早期，人很难有匆忙的感觉，"时间"概念只是不久前才开始出现的。原始人只记得几个明显的事件，即昼夜循环，一段温暖而潮湿的日子过后，总会是一段寒冷而干燥的日子。

今天，人们把现代的时间概念变成了一种近乎有形的物质，把它精确地转换成了劳动定量，甚至还从赢利与亏损两个方面来重新估价。我敢说，这种计算时间的方式会让1.5万年前的人捧腹大笑。同样的道理，一个亲眼看到手表或潮汐图使用说明书的石器时代的居民与澳洲丛林中倾听阿尔伯特·爱因斯坦理论的土著居民相比，一定会要更加惊奇而不知所措。

因此，除非有敌人在后面追赶，早期祖先是不会考虑速度因素的。然而，即使是直立的猿人，也需要双脚来支撑背部。对于他们来说，从一处到另一处要花费多少小时、多少天或多少星期都是无关紧要的。然而，需要消耗多少精力，脚上会起多少个泡，得蹚过多少条河，他的腿会被矮灌木丛的尖刺划破到什么程度等问题却是非常重要的,这两者有相当大的区别。

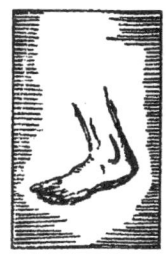  

　　轻巧如翼的脚　　　　背负重担的人　　　　　雪橇(一)

寻求增强脚与增强手的功能的工作几乎是同时展开的。总体而言,前者取得了更大的成功。因为,即使是一些最低贱的动物,也知道如何利用其他动物去做自己不愿意做的事。有例子可以证明他们的聪明。很早之前,人类就曾奴役过一些同类的哺乳动物,利用它们的脚来代替自己行走。

马就是最早一批被驯服的哺乳动物。人一旦跨上它那宽阔的脊背,就能用最省力、最舒适的方式长途跋涉。然而,驾驭马需要相当的技巧。因此,一般人如果想安全地从一地行进到另一地而不至于摔断脖子,就只能选择步行。

雪橇(二)

其实,如果人用不着积累任何财富就能像田里的牲畜一样生活,行走也算不上什么可怕的惩罚。然而,一旦人变得相当进化,并积累了一些家用物品时,他就会成为其财富的奴隶,并且无论去哪里都不得不背上它们。但他很快就会发现,用拉的方式拖动重物要比把它背在背上轻松省力得多,这一事实一且被确认，牵引问题就会上演一次彻底的变革。遗憾的是，早在冰川时代，地球上根本没有路，而无边无际的雪原给试验另一种工具——雪橇——用人或驯鹿拖动几条平整木块创造了绝好的机会。

随着时间的推移，平整的木块上配备了滑行装置。起初，这些装置是用骨头做成的。当人们广泛用上金属时，钢铁最终取代了骨头。雪橇保留其史前样式的时间长度远远超过了其他任何机器，甚至在车轮发明之后很久，雪橇还没有被淘汰。十七八世纪中期，大商业中心所有的拖拉工作实际上也都是借助雪橇来完成的。当时四轮车太贵，而杀死几头多余的马要比找造车工人制造一辆常规的四轮车便宜得多。

纪念轮子发明者的塑像在哪里耸立着呢？

他是人类最伟大的恩人之一，却没有人记得他。

当然，对我们现代人来说，他所做的一切看起来异常简单。是不是人类曾经有过一个空白阶段，在那期间，他们从未想到木制圆盘具有内在的运载能力呢？

第一辆四轮马车

是的，确实有过！不仅有这样的阶段，而且在人类度过的数千年间，许多人种都未想到过发明轮子。印第安人对车轮也一无所知。西班牙征服者的马车给他们留下的印象就像老式的大口径大炮一样深刻。美国印第安人绝不是傻瓜，他们的大脑就像欧洲同时代的人一样聪明。他们在数学领域杰出非凡，比起埃及人和希腊人来，他们还是更为出色的天文学家。但他们绝对没有想到过制造轮子的可能性,这也许就是为什么他们会落后于他人,而且轻而易举地就沦为东部人牺牲品的原因。

我们的博物馆里保留了最古老的轮子模型,它发现于埃及统治者的古墓中。巴比伦的雕像让我们看到,留着胡子的统治者如何披盔挂甲地坐在战车最安全有利的位置上猎杀猛狮。当然,圣典中的车辆并不满足于在大路上行走,它们大胆地冲进云霄,直捣天堂的极顶。的确,整个古代历史都交织着无数关于战车和天国四轮马车的传奇故事。无论何时,人们对其信奉的神充满了敬意。于是,他们将其描绘成一位坐在金色马车上的无比勇猛的驾车人,与太阳赛跑或去月亮那里偷点儿东西。反正,他们总是骑马或驾车去完成那些需要许多技巧的事情。

带帆的大车

而这些早期的大车是否就是行动的理想工具,这点实在让人怀疑。因为,人们只有在年老体弱多病被迫干活儿时,才会使用到它们。除此之外,无论何时只要可能,人们总是骑马或骑骡子。罗马帝国分裂之后,马车被忽略了一段时间,四轮马车失去了走大路的权利。没有了大路,它们便无法行动。紧接着,跟马车有关的东西也变得十分稀有——就像私人游艇或专用火车那种昂贵的奢侈品一样。最终,它们在欧洲销声匿迹。直到16世纪,跨越大陆的贸易复兴引发了人们对更有效的运输方式的渴求。终于有一天,老式的罗马四轮马车又重新出现在了欧洲的街道上。此后,中世纪通用的运载工具——驮马,再也不是响着悦耳的马铃声穿越在瑞士村庄那狭窄的通道上了。然而,当笨拙迟缓的运货马车开始从东方往西方运送香料和纺织品时，就有人努力想要减少对驴子和骡子耐力及善良的依赖了。而此时，水上的运输工具——帆船正逐步开始取代奴隶的划桨行船，作用显著的风力在水面上的这一惊人之举，能否在陆地上也同样施展呢？

蒸汽驱动车

于是，一位聪明的佛兰芒人（比利时两个民族之一）试图将船和大车结合起来，在四轮车上竖起风帆。这种尝试成功了，而且效果不错。但问题是，它只能朝着一个方向转动，无法逆风行驶。随后，它只能和其他试图用人力推动马车轮子转动的无效努力一起被当成废物扔进了垃圾堆。

此后的数百年间，人们的探索一直没有取得成效。终于在某一天，有人想出了一种可能性，即通过手的帮助来加强脚的转动功能。然而，二者的首次合作并不愉快。

1769年，一位名叫库格诺特的法国人，将一辆隆隆作响的蒸汽驱动车开到了凡尔赛的大路上。这辆车是专门为法国国防部制造的，意在研究蒸汽车能否取代马匹而成为一种转移沉重枪炮的运载工具。当时，马车的流行样式是两轮或者四轮，库格诺特的蒸汽车与它们有所不同。它只有三只轮子，在高低不平的公路上行驶速度为每小时4公里。

如果发明者能让它在大路上持续行驶，便是一大成功。但这个创造物并不能很好地控制方向，常常会驶向路边的田野。除此之外，其制动器也被证明是完全不可靠的。于是，没有人再继续做实验，而是很快把它废弃并遗忘到了一边。

火车

这次的失败也许是缘于工程师本身的设计错误，之后，或许又是因为对一切具有军事用途特征的新想法都有不可思议的敌视，法国的炮学专家们公开发表声明抵制这种新机器的运用。这正如50年后，一位名叫波那帕特的意大利雇佣兵对乘坐蒸汽发动机船穿越英吉利海峡的设想百般嘲弄；也正如75年后，据说因为氯仿是既无用又危险的药物，美国的国防部开始拒绝考虑在战地医院使用麻醉术。

更不用说当时的山姆·韦勒斯了，他生怕无马的货车会引起可怕的骚动。他站在四轮马车那高贵堂皇的高位上声嘶力竭地谴责道："人乘蒸汽车旅行的想法是一种对上帝意志的极大不敬。它会毁坏庄稼，终止马匹繁殖，如此下去国将不国。"

但是，天生的发明家就像天生的画家或作曲家一样。他们中的许多优秀者没有像别人那样去作曲、绘画、发明或组织托拉斯（商业信托，垄断组织的高级形式之一），是因为他们不愿意这样做。他们得做五花八门的事情，这是无法自我阻止的，是与生俱来的。他们无法克制自己不断寻求、探究的好奇心。对他们来说，活着就意味着发明、作曲或绘画——或者在追求目标的艰辛过程中死去。

历史总是这样，无论何时，只要有一种新的思想开始传播，就会有98%的人对其蔑视、嘲笑。他们甚至还会给报社写信，敦促编辑利用他们的影响力去说服那些"所谓的"飞行员、北极旅行家或者萨克斯管吹奏者，以免年轻人受到坏榜样的不良影响。

幸运的是，还有2%的人很少听从同胞们那些所谓的高尚忠告。无论何时，他们得到的几张报纸，都会留着以备点火炉之用，这样才能让全家免受严寒之冷。即使是爱国组织的妇女们突然造访，泪流满面地要求他们停止这样做，他们也会置之不理。他们中的大多数人都有那么一点点疯狂，因此这样的结局也在情理之中。明智的人会愿意经历聪慧开拓者们的艰难困苦吗？绝对不会。换言之，如果整个世界都是普通人，那么我们最终还是会住在丛林里，借助长而善于攀缘的尾巴，在树枝间欢快地游来荡去。

汽车

我这样拐弯抹角不过是想据理力争一番，因为我接下来将要讲述的另外一种增强脚的发明，它所遭遇过的反对比其他任何事物都更强硬更激烈。它就是被命名为火车的发明物。

理查德·特里维西克、威廉·赫德利和乔治·斯蒂芬森被普遍认为是"铁马"的发明者。他们生活在一个高尚的时代，使用烛灯及缓慢的交通工具。他们感到，自己的热情在一个正统的基督教国家里是完全不适宜的。

今天，这三个人的塑像都还被保留着。但他们在世时，社会对他们的尊敬与今天明显不同。他们要接受的是不赞同的嘘声、各种失效的样本、对他们的设计进行干涉的议会法案。甚至当议会法案已经被证明无效时，学识渊博的教授委员会（应用难以计数的蓝图和统计数据）还在断言由蒸汽牵引的想法注定要失败，投资于此的钱也如同扔进泰晤士河一样有去无回，以至于当第一条铁路竣工时，斯蒂芬森又花了12年时间，用争吵、辩论和说服，最终让其上司信服——应该把引擎装在轮子上，让其成为运动物体的一部分，而非利用绳子构成的复杂系统前后拖动静止在铁路一端的车厢。

这是发生在1825年的事情。

用"内部"发生规律爆破的方式来驱动一台机器的想法极其古老。希腊人曾经考虑过使用人手替代品的可行性，但他们一直没能将其制造出来。这其中的问题在于，他们所知道的并不多，聪颖敏锐的头脑并没有帮助他们积累足够的科学依据。所以，他们始终是旧世界的主要"猜测者"，对从管理国家事务到发明汽车的每一件事情进行"猜测"，而且常常能预言得几乎完全正确。

希腊人之后是中世纪虔诚善良的城镇居民。只要认定一件事情，他们就不会区分"知道"和"猜测"。经过数年痛苦的试验，他们终于走出了怀疑的阴影，懂得了追求未来的快乐生活和由发明带来舒适感要比承受当前的痛苦更有意义。于是，古希腊人停止的工作又在原地重新开展起来，内燃机被再次搬出雅典的草棚，成了人们认真研究的对象。

荷兰物理学家哈金斯曾经有这样一种想法，即一台机器可以由少量火药爆炸释放的能量来启动。就在他潜心试验各种火药样品时，瑞典皇室买进了一辆"由机械装置驱动"的马车（细节不详），制造者是一位纽伦堡手表匠。这辆老式汽车，每小时可行驶1.5公里，并且能永远行驶下去。几年后，这个和万有引力发现者艾萨克·牛顿一样伟大的人，又开始了他的另一项设计——发明一种根据火箭原理驱动的汽车。

然而，直到19世纪中叶，当人们明确认识到提炼出来的石油具有爆炸特性时，现代样式的汽车才首次出现。1870年战争爆发时，法国和德国都忙于战争，无暇实验。在这场毫无意义的灾难性战争结束后的15年，由"爆炸发动机"驱动的无马汽车才取代了蒸汽车，开始奔跑在欧洲的各条公路上。它的出现引起了公众强烈的舆论攻击。在他们看来,铁路公司已然完全忘记了不久前发生在自己身上的事:大声谴责那些粗野无礼的公路驾驶者是"公共安全"的敌人。公民大声呼吁行人的权利,议会也像往常一样,通过立法来显示自己的权力——规定汽车所有者必须在汽车前面配备指示方向的照明灯或红旗。

人类的黎明

所有这些有益于增强脚的力量的发明,对社会发生伟大的变革做出了不可估量的贡献,它们开创了詹姆斯·瓦特——改进蒸汽机、获得专利的时代。它们完全改变了人类陈旧的距离观念,把地球尺寸至少缩减了60%,赋予了世界一个新的"速度"概念。这下人脚就成了一种最让人看不上的交通工具,就像一种迟缓而笨拙的生物,或者有大脑的蜗牛。直到火车和汽车发明之前,双脚也最多不过是被一双溜冰鞋增强过。它们一直是我们衡量速度的唯一标准,它所完成的一切是无须夸耀的。如今,在不到100年的时间里,我们已经让自己的速度名列榜首。也许我们并不知道以这样飞快的速度要到哪里去,但是无论如何,我们不再岿然不动。

岸上所发生的一切后来很快便在水中被复制出来。人本来是一种陆地动物,但他在被饥饿和贪婪(偶尔是好奇心)驱使时,曾在水上浪费过太多的时间。

当从一地到另一地的捷径是一条河流或一条小溪时,我刚才列举过的脚的不同替代物就发挥不了太大的作用。如果河不是很深,他还可以蹚过去或让马驮他过去。但这种方式意味着,旅行者无论运输什么货物都不得不重新装卸,浪费掉很多时间。因此,人们认为应当设计出某些不必弄湿脚便可以从此岸到达彼岸的方法。

| 滑冰 | 第一座桥 | 穿越海峡的帆船 |

这或许就是桥出现的原因。

人类的第一座桥只是一棵横跨沟壑的枯树,人们从其平整的表面通过。然而,树的长度毕竟很有限,而河流的宽度却没有限制。此外,马和军队如果使用摇摆不定、狭窄的通道,就会经常发生不慎落水身亡的事件。

这个难题最终在罗马人那里得到了解决。埃及和巴比伦工程师就像他们的罗马成功者一样聪明,但他们生活在宽阔似海的河流沿岸,因此从未梦想过渡到对岸。此外,他们没有统治过世界上较大的居住地,所以在他们的帝国中,不存在疾速而不中断地驾驶交通工具从一个地区到另一个地区的需求。

另一方面,罗马人虽然统御了广袤的领土,却只支配着数量有限的士兵。因此,他们得依赖公路和桥梁,用最少的时间将士兵从领地的一端运送到另一端。所以,他们建造的桥梁大多是军用桥,没有商业目的。中世纪后半叶,建筑师和工程师们开始注意到罗马建筑的遗迹,并按自己当时的需要恢复了其原貌。

今天,随着商业压力的不断加大,即使是悬浮公路中最有用的桥梁,也并不是总能处理好城市间繁忙的交通。于是,桥梁被改造成一个潜到河床之下的隧道,很好地连接起河的两边,确保了商务交流不被中断。

罗马桥

有关水具有阻力的例子很多。人们逐渐发现，海洋成为他们难以征服的存在，这为他们提出了更大的难题。当然，人们可以模仿鱼类、海豹游泳，在水里待较长的时间，但这个方法不可能持久。因此，发明某种完全不同的、能帮助人类在水上行走的东西十分必要。或许是摆脱洪水并且安全游到树干上的动物给人们创造第一只船提供了灵感，但是控制圆木对人类来说是一项不同寻常的技术，稍有不慎就会翻到水里。于是，人们借助闷火燃烧和石块刮皮，在圆木中间挖了一个空洞，让其变成一条小船的模样，通过长杆的撑动在水面上行进。经过数年的试验，史前世界被这样一则消息震惊了：一个人乘小船穿过了英吉利海峡。毫无疑问，他被人们看作是一位比林德伯格更伟大的英雄。从某种程度上讲，此次壮举意义非凡。

河底隧道

不久，人类历史上最伟大的时刻之一终于到来了：一名勇猛的水手将动物皮条系在一根木头上，并将十字横杆架到了另一根木头上。他在船头竖起桅杆并自豪地让风把他吹向了目的地，当他最终乘着这艘海洋快轮跨越英吉利海峡时，我敢肯定，站在那一望无际、宽阔水面两岸的人都坚信，人类一千年的发明史即将终结，人的独创性很难再有所超越了。

事实上，这才只是一个开端，因为手正在帮助脚。桨的发明让人们印象深刻。因此，他们一致认为，船将成为破浪前进、穿越海洋的工具，航海也将成为一种比以前更安全的商业，大大减少水手对风的担心。当时，一个人如果有足够的奴隶，甚至都可以精确地算出到达指定地点的时间。

从桨演变到舵，则是第一只船出现数千年之后的事。当时，船的形状仍然像只漂浮的方盒子，船头船尾一模一样。因此，必须在两端各装一个舵。这些舵实质上就是放大的桨，使用起来和用桨划独木舟是一样的。当船开始提速，它们的整体形状就会发生改变，前桨完全被省略，舵也被移到了船尾。这种改变被人们保留至今。

第一只船

几乎在同一时间，航海技术出现了另一种变化。人们发明了被称为"锚"的简易装置，希腊语里叫"钩子"。

希腊人和罗马人天生厌恶公海，因为他们敬畏阿尔卑斯山和被特拉西亚冰雪覆盖的险峰。他们是受过耶稣洗礼的水手。每当夜幕降临，他们就得把船拖上岸并在干燥的陆地上过夜。这种缓慢而昂贵的旅行办法实在是出于无奈。因为一旦晚上没有星星，就没有了可以帮助他们确认航向的东西。船只静止不动，不顺水漂流又是不可能的，而漂流一旦开始，便无法测出它们能停在哪儿。

锚，是一块系在绳子上的大石头，也是一只可以从轮船甲板直伸到海底的手，着实解决了航海中制动的难题。它可以让船在需要时停在原地，这样，人们就有可能享受更长的旅行。

因此，它被人们誉为一种最有用的手，并作为安全的象征而被不止一种宗教信条采用过。

如今，水手可以得到一切他们所需要的简单物品。但在大雾的环境里，他们极易迷路。晚上没有星星的时候，他们在海上也无法辨认方向。不过，13世纪上半叶，随着指南针的引进，这些困难也迎刃而解。此后，船只具备了冒险航行到四大洋中任何一个角落的能力。当然，如果他们的船长精通商业，如果他们的主人在建造船只时用心良苦，如果天气正常晴好、地图也准确的话，这些早期的驳船就能够顺利抵达目的地。因为一个帆船或一个单层的甲板大帆船，即使在最优秀的航海家手中，也是一个非常难把握的物体。

在航海中，逆风意味着麻烦。

暴风雨意味着损失一半的桨只。

因此，航海中的全部难题被缩减成一个简单的问题：如何让漂浮流动的脚摆脱对风和人手的依靠？

人们试验过了用人脚踩踏船只两边明轮的方式，没有成功。后来，詹姆斯·瓦特完成了手的增值功能，蒸汽机被装进船内帮助推动器转动。人们最终却把称赞给了罗伯特·富尔顿。即便一些人早在他成功之前就试验过"蒸汽船"，这位热情的年轻画家也只不过是一位成功的蒸汽船航海的促进者而已。在伟大的拿破仑战争结束12年之后，蒸汽驱动船搭建了往返于英国和欧洲大陆之间的正常航线。1838年，蒸汽轮船将美国和欧洲连接了起来，靠这种方式航行一次只需要两周的时间，以前却需要三周甚至是三个月。

蒸汽船

乘气球到伦敦

飞行器

大约30年前,当海洋赛艇被人们使用的时候,增强的脚就像它在陆上所做的那样,成功地缩短了水上的距离。此后,等待人们征服的就只剩下了一个天空领域。

很久以前,人们就已经开始嫉妒飞鸟行动的自由。它们不需要公路和桥梁,因为河流和海洋对它们毫无影响。它们随着季节的变化,从北到南又从南到北迁移,解决了寒冷与炎热对自身的影响。因此不难理解,为什么模仿鸟类这样或那样功能的各种想法,几乎与人类的历史一样久远。而且我们发现,中国在4000年前就已经出现了风筝。

不过,任何记载人类希望飞翔的资料所能展示的都比不上神话故事里的神仙潇洒自如,他们无一不具备能翱翔于天空的能力。

然而,直到中世纪后期,当用翅膀代替脚的设想被列奥纳多·达·芬奇认真研究的时候,实质性的试验才算开始。他甚至在图纸上描绘出了许多运转极好的飞行器,但是,在进行实地测试时,它们却总是不能顺利地离开地面。

第一只气球

今天我们自然知道列奥纳多为什么会失败。这与那人造鸟本身并无关系,只是人手尚未强健到能从地面上提起过大的风筝而已。除非人手获得了比在16

159

世纪时强1000倍的力量，否则始终不会有任何进展。

然而，人们却从未放弃过这个难题。18世纪后半叶，一家法国造纸公司将许多绵纸订在一起，做成了一个气球。在一群惊讶得张着大嘴的人面前，它还被充上热气送上了天。可是，在气球降落时，这些人立即袭击了他们眼中的这个怪物，用草叉处决了它。同样遗憾的是，尽管现在人们可以乘气球上天了，但他们并不知道如何控制它到达目的地。

如果是顺风，他倒可以乘气球到另一国旅游，甚至可以跨越英吉利海峡。可一旦身处法国或英国，他却无法依靠自己的力量返回出发的地方。

幸好，飞行器几乎和中国的风筝一样古老。当航海蒸汽船和铁路火车似乎都已经发展到尽头的时候，另一种物体闯入天空，在大约50年前成了科学家研究的课题。

这就是19世纪70年代和80年代人们开始研究的一种滑行于空中的鸟状小装置。它能在空中飘浮相当长的时间，但突如其来的一阵狂风很可能会让里面的乘客摔断脖子。除此之外，它们很难起飞，要让它们在想去的地方着陆就更加困难了。只有那些统称为发动机的增强手的制造商，能将产品体积减到很小，并使它们安全可信，保证在使用中没有任何崩塌的危险，也不会意外坠落到下面的田地里，插上翅膀飞翔才不再是人类一种虚幻的梦想。

比空气重的飞行器

莱特兄弟，似乎是世界上首次飞行的人，他们的第一次旅行只持续了59秒。不过，万事开头难，之后的事情就相对容易多了。

随后，不可避免的海峡飞渡旅行开始了。当布洛特从加来斯成功飞抵多佛时，全世界都开始相信，人类过去的敌人——空间与距离的障碍最终消失了。地球上的人们将紧密团结如同兄弟一般，永远过上太平与和谐的生活。

然而，当齐柏林飞艇伴随着螺旋桨发出的低沉轰鸣，携带着致命的炸药和毒气在同一条英吉利海峡上空飞来飞去时，人们再次警醒：人的脚就像手一样，是一种既可行善又可作恶的工具。前进的道路上，它可以将你带入奇怪的方向，而其中的许多脚直接通向墓地。

至于增强脚的未来，是否会以一种修饰的作用出现，我们现在还没有明确的概念。它是否能帮助我们逃离我们星球的束缚，对此我确实不了解，但它似乎并不会超出现有发展可能性的限度。我们也许还能比现在更多地知道关于引力的理论，更多地了解关于离我们最近的星球的情况。但当我们意识到，在短短的一个世纪里，人手和脚的能量已经被如此神奇的方式增强的时候，我们便没有理由绝望，也用不着觉得我们注定要在宇宙的同一粒尘埃上度过我们余下的日子。

请记住，虽然过去的50年看似发展得很快，但我们对大脑的使用仍然不够熟悉，而且也极少有人对未来充满信心和勇气。

但是，请给他们一点儿时间。

第五章
千变万化的嘴

为了确保航线正确,开往外国港口的轮船每天至少要测定一次方位。同样的道理,一个试图穿越航向并不清晰的知识海洋的作者,必须不时地参照指南针,以免被扔到浮夸荒谬言辞的岩石堆里,自食夸夸其谈的苦果。在我看来,这里的指南针是字典。文化的指南针不同于航海的指南针,却更像是某种时刻表起到的作用。我们注意到,《不列颠百科全书》以其简洁明快的方式,对嘴巴做出了如下解释:

讲话的嘴

"在解剖学中,嘴是一个椭圆形的空洞,其位置在咀嚼食物的消化道的开端。张开的嘴位于两唇之间,其闭合时宽度为左右两边第一颗前臼齿之间的距离。

"嘴唇围绕着张开的嘴，由肉折叠而成。从外部看，嘴唇由皮肤、表皮筋膜、括约肌、部分黏膜组织以及唇腺构成。嘴唇的深处是冠状动脉，中线则对应于唇形牙床上的黏膜组织。"

这些解释表明，本章的标题应为"声带"而非嘴。

声带是人体解剖的一部分，它很少参与礼貌性的谈话，普通人会模糊地把它和扁桃体或感冒联系起来。然而在大众的意识里（就像许多谚语和《圣经》都清楚表明的那样），嘴是说话的工具，而非大百科全书里那"位于咀嚼食物的消化道开端的一个椭圆形的空洞"。

因此，在我使用"嘴"这个词时，实际上是指"讲话"这回事，而且当我说，人类文明的绝大部分都是嘴功能的增强时，我指的恰恰是人类说话的天赋以及通过最伟大的发明来与邻人交流思想的能力。这种最伟大的发明得益于一种彻底进化的肌体系统和完全可靠的高度标识，它被称为语言的声音系统。

我不想草率地暗示动物没有属于自己的语言。房子里有许多小猫小狗，屋檐下有大量的燕子，我不想为这具有危险性的傲慢而愧疚。猫、狗、马、牛、鸟和海豹（我猜想鲸鱼很难养在水族馆里，它仍然属于一个很难研究的对象）和我们一样在不停地相互倾诉。当它们抚育孩子的时候，更会喋喋不休。

但是它们的语言（我要及时插上一句，据我们所知，关于该题目的信息资料很有限）似乎限制在一种象征了警告信号的简短代码中。所有的动物都与其生命中两种不可抗拒的情感密不可分，那就是生存的欲望和对食物的渴求。在人类维系的所有关系中，抽象思维起着极为重要的作用，这是其他动物不可比拟的。因此，即使是那匹识数的名为汉斯的马和那个训练过的名为康塞尔三世的猿人，如果让它们彼此谈论国际联盟或者与基督教、佛教相关的话题，它们也还是会困惑不解。

在这里，我不想讨论语言的起源，因为我对此一无所知。这并不是说缺乏有用的材料做参考，事实上有许多关于这一题材的书，并且汇聚了详尽的描述。只是，当它们触及论题的要点时，总是用一种最痛苦的方式表明这个长久以来的秘密远远解决不了。

相比之下，我们对语言的发展和成长就较为了解。

当我们试图讨论人类是在哪一个确切的时刻结束了沉默而开口讲话时，疑惑又出现了。

语言的相对价值

翻译的技巧

这样的难题让我希望几千年以后自己能再回到地球上来。数年间，我们已经令人难以置信地学到了许多有关人类自身的事情，似乎我们也可以专门对这个难题展开研究。毋庸置疑，在未来几个世纪中的某一天，我们能够明确地说："就是在那个确切的时间和地点，人类不再像动物一样喉鸣咕哝，而是开始像现在的人一样说话了。"如果这一伟大的时刻来临，我会十分愉快地记录下这一事实，即嘴（"声带"）对人类发展做出的贡献比其他任何器官都多，这其中包括非常有用的手和脚。因为它创造了让人类将所有积累的知识都倾诉为一种永久形式的机会，而那意味着新生的每一代人都可以成为其祖先所具有的各种智慧的继承人。

很明显，人类是各种不同的祖先的后裔。起初，我们的祖先缺乏共同的表达方式（就像那些属于同种群的动物一样），这种情况也说明，人类最初的进化异常缓慢。一旦有人发现某一种方言中每一个嘶嘶声与哼哼声的组合，在所有其他的语言中都有相似的发音时，一切就都改变了，将一种语言的内容依照原词原意翻译成另一种语言的可能性也随之出现。

人们能够具有伟大的智慧，在一定程度上要感谢翻译家和他们的技巧。我并不是说，每个人都有这种借助邻居们的知识来完善自己思想的良机。绝大多数人也并不关心此事，因为吃着美味佳肴，有一栋房子，教育好孩子，偶尔看看电影，这些就是他们想要拥有的一切。

而那些世界的真正缔造者，无论是住在中国、格陵兰、澳大利亚还是波兰，没有一个人能仅凭自己单独的观察便得出关于世界的任何结论。因此，尽管他们从未读书和识字，尽管人类从未发明过字母表，他们仍能借助一个好翻译，获悉世界各地的其他民族对某一问题所做的思考。对于可怜的原始人来说，词语仿佛是许许多多的肥皂、水泥或干草，其首要的作用是用来攻击，他们用它将人类组成了一支与无知势力和巨大恐惧做斗争的队伍。

然而，对早期的人类来说，知识只是奢侈品，平常朴素的生活则是一种必需品。声音最初也只是生活中一种报警的手段，而非指导性工具。报警工具不仅要预防那些有形可见的危险，更要防备那些难以察觉的危险。因为这些危险无法采取有效的防御措施而变得难以预计。

连续的敲击声

你们得记住，一个种族越不开化，就越相信超自然力量对自己的支配。因此，他们的生命消耗在和那些所谓的敌人做斗争的过程中。这些敌人埋伏在灌木丛中，隐藏在大树背后或井底。他们唯一的目的就是恐吓那些可怜的农民，吞食那些可怜的孩子，并用符咒迷惑牲畜。

要改善这种状况对人类来说原本是毫无希望的，但庆幸的是，鬼怪们都有一种胆怯的本性，噪声足以将它们吓跑。因此，你可以尽量大声地喊叫，这样鬼怪就不会抓你。

然而，喊叫是一件很疲劳的事情，而且影响声带。所以，从很早开始，人的声音就被嘴的替代物——一块空心木头所取代。它能发出隆隆的声音，给所有邪恶的妖怪以警告，让其闻声而逃。

钟声

一般情况下，在这种鼓上连续短促而有节奏地敲击会把对神的敬畏带进小鬼的体内，但如果魔鬼坚持不走（发生在春夏之季），就有必要数日或数周连续不停地击鼓，才能将其赶走。

后来，中世纪的钟声普遍流行起来。这种现象可以证明，用喧闹声吓走鬼怪的习俗是如何深入人类社会的。教堂的钟就像一张金属的嘴，除此之外，它什么都不是。早上、中午、晚上，钟声总是回荡着。其最初的目的被人们渐渐忘却，一些其他的目的孕育而生。它开始为人们通报时辰，告诉劳工们何时起床，何时睡觉。当然，它也从未失去原有的功能。在星期天和节假日，那悠扬的钟声提醒信徒们，应该偶尔去教堂净化一下那种可能对神圣的宗教活动造成威胁的不良心境。

然而，由于某种奇怪的原因，穆罕默德的信徒们对钟并不感兴趣。他们一直信赖人的声音，并专门雇人爬到特意制造的瞭望台上，在那儿向全世界讲述真正的伟大美德以及先知穆罕默德的非凡造诣。我不清楚这些宗教领袖为了让自己看起来像救火铃和风暴报警器一样有用，做出了多大的努力。庆幸的是，普通的半个月亮追随者们并不会对这些细节过度担忧。

返回来说嘴。此时在欧洲，政府越来越忙于公共利益（穆罕默德的统治者们通常对其表现得十分冷漠）。嘴于是被用作了各种各样与商业直接相关的目的，抑或是警告人们该何去何从。

嘴的另一种替代物号角不仅被中世纪城堡里的卫兵用来通告市民一切平

安，而且还用于提醒他们谨防火灾。除此之外，放大的声音在过去的日子里还被用于几个意义非凡的目的。

祈祷者的号召

比如，夜晚的海上航行。我们都知道，只要船只远离海岸，那就是一段平静的航行，其相互碰撞的概率很小，而且当时的浅型船也不必担心偶遇险滩的问题。但是，当船只在日落后靠近陆地时，困难就降临了。当然，对罗马人和希腊人来说，他们可以让奴隶带上萨克斯管站在每一处岬角，向靠近的水手们大声发出警告。但是人们怀疑是否有足够的奴隶和萨克斯管，因此，十分有必要发明某种其他的东西来代替人的嘴巴。后来，人们在危险的暗礁高处燃起了木火，这个困难便得到了解决。此后不久，灯塔作为改进的声音问世了。

从这个事实我们可以看到，人们普遍对示警灯塔怀有敬意。古代人就曾格外敬重亚历山德拉灯塔（于公元前300年修建），赋予了它世界七大奇观之一的荣誉。顺便提一句，那位造塔的建筑师肯定十分精通业务，因为著名的法罗斯灯塔连续在海上放射了16个多世纪的光芒，后来才因地震而遭到毁灭。

罗马人（我几乎不需要提及）是有名的灯塔守护者。让他们建造一些与路、港口和交通法规有关的建筑设施，他们动辄都会花费数百万的钱财，并且不断改进它，直到完美无缺为止。除此之外，他们还会沿着欧洲海岸的所有地方竖起示警信号灯。在我们自己的祖先还未听说过灯和灯塔以前，多佛港和加来港的灯塔已经出现了很久。

后来在中世纪，灯塔系统出现了暂时的终止。不管在什么地方，那些没有倒塌和尚未被毁掉的灯塔建筑都被修缮成了教堂，海岸成了一片漆黑。然而，伴随着商业的复兴，信号塔再次变成了人们每日的必需品。回顾历史，起初是煤代替木头用于照明，之后是天然气和石油。今天，电最终成为嘴的替代品，向远至30英里的海面发出无声的警告。

现代灯塔

遗憾的是，灯塔只在晴朗的夜晚有效。只要一有雾，它们就毫无用处。在这种情况下，光不得不被声音取代。起初人们只需要敲响钟声，但钟声远远不能满足现代的海上交通。后来，一种由蒸汽产生的、能大大加强声音的雾号抓住了施展身手的机会，被一直沿用到了无线电报的发明。

于是，水手们此后可以利用一种如同耳语般的声音接收危险通报。短短的几年时间，灯塔和雾号就像救火铃一样成了废弃之物。这缘于现代化的嘴喜欢谨慎的工作，它试图以一种安静而尊贵的方式来胜任工作。像所有人类的设计一样，它也可能会被滥用，就像我们中的一些人知道其邻居拥有的携带式留声机那样。但稍有机会，这张嘴就会礼貌得体地向人们展示一番。如果你曾听过那些被称为"远程喇叭和远程作家"的嘴所发出的声音，你就会明白了。

起初，只要有人想把某件重要的事情传达给另外一个人，他就可以用声音或手势来实现。但是，这种符号语言很快就被有声语言代替了。今天，也只有在聋哑人中间，符号语言才幸存下来。在其他人中，它们已完全绝迹，即使在用，也只是用来加强说话的语气而已。与之相对，用声音交流的方法却有了巨大的发展，而且它的历史极为有趣。

在最古老的巴比伦雕塑上,我们发现了残留的"远程喇叭"的画面。工程师们正指挥着一项起重工程,千名奴隶正在卖力地拉绳子。工程师站在一个小台子上,手里举着一个话筒。当然,话筒就是一张放大的嘴,工程师透过它大声喊着"用力拉啊",所有的奴隶便一起使劲拉一下。如果没有这张放大的嘴,工程师的声音不可能同时传到这么多人的耳朵里。这是人类第一次尝试无数倍地放大音量。这也是后来那些不计其数的试验的开端,最终带来了电报、电话、无线电和收音机的诞生。

的确,某些发明在开始问世时并没有引起人们太多的注意,原因是它们还没有进入大多数百姓的日常生活。但是,每个人都会有因为声音在某个时刻达不到200码而受到困扰的经历,因此,大家开始有兴趣为克服这一困难而做一些尝试。我们始终跟踪着"远程喇叭"的发展,其结果要比人类其他器官功能的增值令人欣慰得多。

扩音器

如果传说正确(传说通常比基于文件证据的历史要可信得多),那么特洛伊城沦陷的消息就是用烟雾信号传递到希腊的。自远古以来,非洲各个部落就一直在用棒击大鼓的方式相互交流信息。对刚果的土著民来说,听懂传来的信息,就像西方联盟办公室的雇员理解莫尔斯电码一样容易。

到了中世纪,一部分更文明的人如同关在笼子里的野兽一样,在四周都是高墙的小城市里生活着。每当敌人围攻城镇时,他们就会用鸽子来传递消息。天气晴好时,他们则可以用信号旗把信息传递给海上过往的船只。

这些扩大音量的办法虽然笨拙,但足以满足小社区的需求。后来,当国家越来越大、权力越来越集中时,一个政府如果不能使其领地的每个角落都能同时听到它的声音,就不可能维持统治。其结果是,18世纪是大型王朝和种族集团联合的时代,也成了大规模试验电报的时代。

鼓号

法国率先使中央政府集权化,因此,他们很自然地成为人类声音实现长距离传播的先驱。

1792年春,一位名叫查佩的工程师走进国民议会,带来了一份由他精心构思的"光学电报"计划——描述了一种可以安置在教堂塔顶和山顶的机器,它由拴在一根横杆上的两只木手臂构成,通过绳子和滑轮可以调节手臂的位置,拼出相应的字母。官员们用小望远镜可以读出对方发来的消息,并将其传至下一座塔。如此下去,直到消息按时从一处传至另几处。

这东西工作起来果然出色。在拿破仑时代,借助于查佩的信号装置,欧洲的大部分地区都收听到了帝国那令人敬畏的声音。

然而,它却有一个致命的缺陷,即很容易泄露秘密。城镇的无业游民习惯于聚集在教堂的高塔周围,他们会认真地观察不同的符号,直到能像信号员一样又快又准地读出字母符号,获悉全部信息为止。因此,为了避免将重要的信息公之于众,必须找出其他传达信息的方法。

于是,在信号装置行将灭亡的时候,世界上兴起了另外一种更有魅力的新玩意儿——电。在某个城镇或村庄,一个无名的乡村天才正在对一种神秘的电流碰运气,希望能借电流传递信息的方法而发财;而在德国的某个实验室里,一位正统的教授也正将他妻子的最后一个铜板花在电池和一节节铜线上。他可能是第一个让全世界听到同一个声音的人。

信鸽

出乎人们的意料，一位名叫塞缪尔·莫尔斯的美国画家最终赢得了这场比赛。1837年，他将画架改造成了一种电报装置，可以在1700码之外讲话。一年之后，他以为在距离上取得的进展足以引起国会的注意。遗憾的是，当时国会正忙于别的事情，直到六年之后才听取了他的报告。于是在1844年，华盛顿和巴尔的摩才得以用电流的方式相互交谈。

此前，各个欧洲国家政府对莫尔斯的实验一直持绝对冷漠的态度，如今，他们也开始表示出了极大的兴趣。现在，被缩减到点和短横的人类声音，已经广泛地渗透到了文明世界的每一个角落。电缆线很快告别了干燥的陆地而开始钻入水中，刚造出的能铺设3000英里电缆的大船被铺满了直穿海底的电线。纽约人感觉到他们像是生活在伦敦郊区，而伦敦人也有身处纽约的错觉。

在此后相当长的时间里，电报几乎能够满足所有国际语言交流的需要。但是，随着我们的星球在手、脚不断增强的影响下日渐缩小，人们提出了新的需求，即发明某种可以不依赖昂贵电缆（塞缪尔·莫尔斯发明艺术的组成部分）的通讯装置。

此前借助电线的帮助，让一个城镇与另一个城镇通话的概念已经过时。于是在1795年，一位名叫萨尔瓦的西班牙物理学家向巴塞罗那科学院解释了实施这一计划的可行性。科学院耐心地倾听着，之后这一计划却被博学的科学院全票否决。

20年之后,一位德国人又试图完全不依赖西班牙同事的帮助,采用强迫电流通过水的方法建立无线电通信。当时的困难是,没有人知道他摆弄的那些游戏材料到底是什么性质。这个问题留给了海因里希·赫兹,他是所有的时代中最杰出的科学侦探之一(一位极度狂热的工作者,曾亲自对早期坟墓进行过调查研究)。他给我们指出了一条有效解决问题的出路。虽然研究结果没能告诉我们电波究竟是什么,但他成功地发现了调节电波的规律,这是一个巨大的收获。因此,在赫兹将研究公之于世之后,人们开始认真地对待无线电发报的难题,每个国家都力求能率先完成这项发明研究。

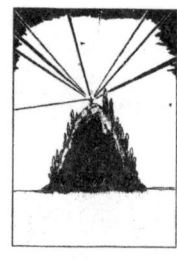
思想

信号塔

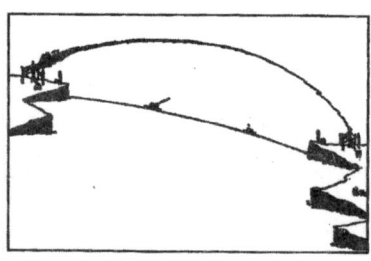
收音机

于是下面的事情也才成为可能:一位名叫马科尼的意大利年轻人,在设法接收横穿大洋的无线电信件之后,其他信件也接踵而至。而今天,即使是经验老到的船长,无论他离陆地有多远,也必须听从其主人的指挥。一架飞翔在云端的飞机也因此可以与地面始终保持联系,以便尽早接收到暴风雨来临的警告。这一切就如同人们打招呼一样方便。

但是,就像法国谚语所言,吃东西与食欲有关。一旦"远距离写信"的艺术变成确定的事实,人们就不再满足于他们的小把戏,而是开始叫嚷着要发明一种能让他们沉浸于"远距离说话"的豪华机器。

几千年前,中国人就发明了一种用一根细线连接两只竹筒的玩具,它让人们能够在相隔几百码外互相通话。就是这种每两三代人就有规律循环出现一次的小玩意儿,被人们当作"最新奇的事物"到处宣传,并在大街小巷里兜售。然而,就像它们神奇地出现又神奇地消失那样,中世纪的人玩过它,18世纪的人同样如此。正当每个人都在谈论电流潜在的作用时,那个老式的中国装置,又第五十次或一百次地突然出现在人们的视野中,并在所有小镇的集市上出售。

它给人们以启发,或许它就是将人的声音从一处传到另一处的极好方式。一位名叫菲利普·赖斯的条顿人首次将"声音传播"的工具进一步完善,让它运转良好。然后,他雄心勃勃地为它取了一个大胆的名字——电话,即能使人的声音穿越空间的装置。

15年之后,一位名叫亚历山大·格雷厄姆·贝尔的苏格兰移民,造出了大家都熟悉的现代电话,彻底解决了声音的传播问题。

依靠电线传送声音是如何发展成为不需要任何电线就可以发声的,这是最近的故事了。我给你看一幅画,并试着通过它进行解释。

即使我们今天毁掉写过的每一部书,人类家族仍然可以通过增强的嘴清楚地了解到所有做的、想的和说的事情。因为我们都知道,甚至是在火星和土星上长期受苦的居民,也许都能收听到,我们伟大的共和国的山草毒专家在向北半球那些友好的人宣扬"如何不用烧制糖来加工食品的方法"。

是什么将我带到本书最重要的部分?又是什么让我将它保留到最后的?部分原因可能是它比我说过的任何事情都更加重要,另一部分则是很难用少于50个词的句子来解释清楚的。

保存桃子和观念

要想准确无误地知道我们的祖先在什么时候获得了说话能力,几乎是不可能的。那么,试图跟踪其发展的过程就更加困难。不过,随着语言的不断发展,人们认识到话语是可以被保存下来的。人们可以捕捉到嘴唇发出的声音,

173

并以一种永久的形式将其记录下来，造福子孙后代。如今，我们生活在了所谓的"纸张时代"，沉醉于一个个印刷字符之中。如果没有书、时间表、订单表格、电报空白表格、电话目录、报纸、杂志，没有写满了滑稽、歪斜的黑色笔画和半圆圈的无数干透木纸浆片，我们的现代文明很快就会结束。

一个1928年的居民，根本无法设想让自己返回到一个无纸的时代。然而，假如我们用十二个小时代表人类居住在这个星球上的时间（从半夜至中午），那么，将思想变成具体书写形式的艺术就只是在不到九分钟或十分钟前才被发明出来的。

文字到底是如何发明的，由谁、在何处以及在什么情形下发明的，这仍是一个谜。他们能否写字？如果能写，那么在其墓地和洞穴中的骨头上所找到的奇怪的彩色花纹代表什么意思？

我们对此一无所知。

但是几乎每年都会有人告诉我们，某某教授终于成功揭开了这个令人恼怒的谜底。之后，学术领域就会举行一场盛大的庆祝活动，因为人类历史终于又向前推进了一万或一万五千年。然而不久，人们就又有了疑问。最后，对所有正反理由仔细检测的结论表明，最新的假说其实毫无根据可言，我们必须重新开始。

当然，中世纪的人对巴比伦的象形文字、绘画写法和黏土书版不会很生疏。当时的托马斯·扬、查波洛和罗林森，以及今天那些学习艺术的人，他们阅读楔形文字和古埃及文字就像阅读日报一样简单。

神秘的鹅卵石

毫无疑问，总有一天这个谜能被解开。也许明年，也许一百年以后，我们不得而知。此刻，我们只能猜测或者干脆一言不发。

可喜的是，通过对西班牙和法国的旧洞穴进行研究，我们已经得知，人类制作工具和绘画的历史几乎是同时开始，同样久远。一些绘画甚至显示出了无比完美的技艺，以至于一些报告指出，它们的考古学家们被指控为得到一点儿声名狼藉的名誉而欺骗了所有拥有乳齿象、鱼类和鹿的展览馆。当然，今天我们知道了这些绘画是真品，而且随着时间的推移，我们也许还会发现更多的画像。

但是，它们对于制造者意味着什么呢？它们与一种将抽象的想法变成具体和不朽形式的意图有没有关系呢？答案是很有可能无关。

它们一定与魔法——巫术有关。人们在出发狩猎前就会画下野兽和大象的画像，希望能用魔力迷住它们，并且不费太多力气就能将其捕获。这就像中世纪当权者制造出一些酷似其敌人的蜡像，然后在它们身上戳满针一样。

所以，那些史前绘画不是早期绘画语言形式的遗迹，是当时宗教精神的体现。它们讲述的故事（与所有绘画一样）与人将思想以一种具体形式保留下来的愿望无关。

这让我们直接面对了下一个问题：绘画从什么时候起不再是一种纯粹的绘画？又是从什么时候起变成了一种保存思想的明确方式？

现代的例子表明，要想在两种表现形式之间找出泾渭分明的界限是多么困难。在欧洲的许多山路边，都竖立着一种有图形的小路牌，用于给过路人提供具体而简明的行路信息。有两个路牌，其中一个是一位圣人的肖像。曾经有一个流浪者（五百年前死去和埋葬的）在此地遭遇了一场暴风的袭击，慈悲的圣人拯救了他的生命。这位满怀感激的过客就让人画了一张画，以便告诉所有的过路人在其生命最重要的时刻所发生的事情。第二个招牌仅是一个倒写的字母S，是由当地汽车俱乐部竖起来的，其意义对所有的驾驶员都很清楚。那个倒写的S明确地告诫司机：当心，你正在接近一个危险的转弯。

巫术

这两幅画都讲述了一个故事,但后一个却是从书面语言中最终发展出来的某种图像。

那是如何发生的?我会用另一种方式来告诉你。

在冰川时代,一个紧紧抓住岩石边缘的猎人学会了传递信息。他在与同伴走失之后,突然发现离他不远处有两只鹿。他想追赶猎物,但是同伴已经走远,无法听到他的声音:"嗨!听我说,我想追上那两只鹿。"因此,他必须寻找另一种方式。于是,他在岩石上画了一张草图,事实上,那是一封信:"我看见湖边有两只鹿,我正追捕它们,不要等我,我会回来的。"

危险信号

如果澳洲丛林中的其他居民也可以(他们是卓越的艺术家,为我们留下了许多类似的图片)像这样有足够多的机会向外发出信息的话,他们也许最终能发展出一种绘画语言。其中的每一个符号都代表了一个至今仅用于口语而又有确切含义的词。但是,请留意上面那句话中的限定词:"如果他们'有足够的机会'像这样经常传送消息才行!"

第一封信

事实证明,将同一幅画无休止地复制下去是必要的,直到有人想出一个主意:用这些图像将口语词汇保存为一种具体的绘画形式。在一个十分淳朴的民族里,这是一件完全不可能发生的事情。历史上的许多原始部落都只差一点点就能发明出一种书面语言,可最终还是因为缺少足够的机会研究这个问题而前功尽弃。在焦虑之时,他们尝试了许多别的方法。在美洲大陆,秘鲁的印第安人将彩线打上富有确切意义的结来记录民族事务;而总是有时间把事情做得尽善尽美的中国人,则设计出了成百上千幅的小绘画,每一幅都代表一个词和一个完整的意思。这是向正确方向迈出的一步,但它也让自己民族的知识分子们在说"是的,我能读写一点儿"之前,必须先记住三万至四万个小图像。

总而言之,全世界都在急切地寻找一种简易的方法来保存话语,直到埃及人登场,获得成功。但是对于埃及人是否从某个我们无法追寻的民族那里得到了成功的启示这一点,我们无从知晓。

直到积累了许多古书中提到的大西洋某个神秘大陆的具体信息,人们才知道,第一个可行的绘画书写系统的荣誉应当毫无疑问地赋予法老的臣民们。正是他们将书写保留了最初的形式——一种只有传授者和牧师才能使用的神圣艺术。随着时间的推移,一种更简单的绘画形式(仅次于官方认可的象形文字的绘画写法)发展起来。然而,对于商业和日常生活来说,即便是如此流行的图像书写方式也略显复杂,人们很难记住它们。如果不是后来腓尼基人的出现,我们也许还得苦等字母表的发明，谁知道我们还要等待多久？

结绳记事

这些对艺术毫不在意的强盗，出人意料地给我们留下了历史上最有用的发明之一。这事很像历史喜欢开的那些讨厌的玩笑。不过，有一个合理的理由可以解释为什么会是他们首先想出解决该问题的实际方法，而不是埃及人或者巴比伦人。

腓尼基人属于生意人。他们需要一种简便的方法来签订协议与合同，也需要将商业信函寄到地中海沿岸居住在不同地方的代表手中。当他们谈论橄榄油和萨莫斯拉辛山羊皮时，他们没有太多的时间来画美丽的水彩画。于是，他们从埃及顾客那里借用了一些神圣的小图像，然后把它们删减成简短的速写符号，加上了几个自己创造的符号，又从研究同样问题的邻居那里偷来几个其他符号，最后将这些横线、点和歪歪斜斜的笔画演变成了一种保存口语的方法。这种方法几乎能够捕捉从人们嘴里发出的每一个音符，并以一种可见的形式把它们记录下来，对自己和子孙后代都极其有利。

那么，字母表是如何从腓尼基传到希腊的？罗马人是如何修改这些字母，并将其刻在庙门以及凯旋门上的？德国的部落是如何通过将字母切成相似外观的木块来改变它们的？所有这些都是有趣而吸引人的话题，但是，鉴于篇幅有限，我不能讲述这些令人愉悦的细节。我只想说，通过西欧字母表的帮助，我们能再现地球上所有语言的每一个发音就足够了。当然，这个系统绝不是完美无缺的，我们的字母表也许还曾经顺便向其俄罗斯邻居借用了几个字母。不过，无论嘴巴说什么，现在手都可以将其永远记录下来了，这就很好。

知识已经成为一种不朽的商品。

我们也日渐博学多识。

我们甚至希望有一天能变得更聪明。

书面语言,本质上就是一种绘画形式,为了获得成功,我们要依赖这些记录下材料。

发明文字符号的腓尼基人

于是,埃及人在其坟墓和庙宇的墙上到处都刻上了象形文字。泰尔的一位商人要将科林斯的葡萄干和雅典的桂树叶贩卖到迦太基,必须有理货单,这种单据需要做在某种较小的物质上,并长久保存——最好是可以装进某人的旅行包,带上船或打包放在驴背上。

这再一次证实"需要是发明之母"。中国人总是会稍微领先于世界其他地方的人,因此他们享有了纸张发明的荣誉,是他们首先注意到用一些植物的纤维材料可以制造出适用于绘画写字的东西。公元前30世纪,埃及人以此为参照,开始用尼罗河两岸的莎草植物加工制作书写材料,代替了庙宇的墙壁和棺材面。随后,腓尼基人以生意人的职业习惯抢夺了那个工业,纸莎草的制造业便很快集中在了盖巴尔(希腊人称之为拜布洛斯)的腓尼基城周围,商标就此确定。拜布洛斯城走上地中海东部地区城市发展的道路已经很久了,其主要出口物品的名字被保留了下来,欧洲人的神圣书籍也以这座城市命名。许多个世纪以前,它就是一座生产最优质的纸莎草纸、最好的绳子和最好船垫的城市。

至于我们自己使用的纸,所谓的"优质纸",是很久以后才被传到了欧洲的。它同样起源于中国,然后途经撒马尔罕、阿拉伯、希腊,之后遍及全世界。在过去的100年中,它的保存期却越来越短,以至于我们保存下来的现代书籍只是200年前印刷书籍的十分之一。

当然,纸张的保存与思想的保存相距甚远。人们迫切需要某种用于记录不同声音符号的东西。罗马人喜欢用小石蜡板和铜雕刻刀。当恺撒大帝请人赴宴时,他会派来一位拿着小石板的侍女。但是,官员们却喜欢使用埃及莎草纸和墨水。这种墨水来自埃及,很像颜料。中国人的方法更好,他们发明出了一种可以写出十分漂亮的墨字的胶浆和煤炭混合物。然而,中世纪早期(深深怀疑人工增强自然力的年代)那些可怜的朋友竭尽所能,才用铁瘿和由乌贼分泌出来的色素制作出了一种奇怪的液体。一直到15世纪,由于创造发明的复兴,他们才有了一种像样的墨水,并且用上了铅笔。

写字笔

后来,写字不再是学者们的特权,而成了风靡全世界的室内娱乐。每个人都开始有思想,并且觉得应该把它们留给子孙后代。之后,人们写字的热情迅速高涨,于是大家开始认真摸索一种能够取代极易腐烂的鹅毛管笔的东西。19世纪初,人们的这种需求得到了满足,但是很快,更有用的自来水笔出现了。此时,写字的狂潮席卷了全球。人们都觉得,即使是用快速潦草的字来书写也太慢,根本来不及记下人们想要相互转告的几百万件事情。鉴于那是个机器开始代替人手干活儿的年代,人们意识到,书写的事也应当托付给一个方便的小机器来完成,以便把人们痛苦的手指从不断移动的笔头中解放出来。打字机就是对白领一族痛苦呼唤的第一份回应。从前人们只能写10页纸的时间,现在通过敲打键盘可以完成30页,而且他们想要多少份就能拿到多少份。

一个蹩脚的交响乐指挥能用各种各样的方式糟蹋一首好曲子。但是,最致命的方式是让人养成将错误的音调标在错误的音符上的坏习惯。

同样,历史学家容易犯同样的错误,并不是他们刻意这么做,而是因为从远古以来,他们就养成了不断重复的习惯,很少有人会花气力对古代的困惑做出新的解释。

印刷发明却是一件重要的事情,它给18世纪的人们留下了深刻的印象。对他们来说,这似乎是一件天赐之物。正当人们渴望买到廉价书籍时,乐于助人的金斯弗来希先生给他们提供了一种能成倍增加课文书本的办法,它让书成了每个人都能唾手可得的东西。诚实的历史学家们一直称赞赫尔·古腾伯格是人类最伟大的恩人之一,他却只从紧张繁重的劳动中得到了极少的利润。

印刷艺术属于一种不可缺少的发明,它是人类自然力倍增的形式之一。当然,一旦人类有充分的需求,它就注定会出现。因此,早就有人带着迷惑不解的目光,开始绞尽脑汁地思考怎样保存如此多的思想。这个人是人类的英雄,应该为他塑像,给他荣誉。然而,只有那位将厌烦的誊写工作从人手转到机械手的人最终得到了应有的荣誉,其他人则很少被人们记住。

我们不知道这位前人的名字,我们也从未提到过他。

他是谁、他住在哪儿、在哪儿去世,难道没有关系吗?

海报

难道我们不该为无名的科学家树碑立传吗？

这里不想赞美梅因茨珠宝商或哈尔莱姆教堂司事（他最危险的对手争得了第一个活动铅字印刷书的荣誉），我只想简单地声明一下，印刷术的出现其实比我们通常认为的要早得多。

中国人首先从木刻印版上印刷图画。他们的发明是否曾传到过欧洲，如果传到了，是何时到达何处的，我们无从得知。然而在十三四世纪，人们便经常在小木印版上印刷圣人画像了。这些小水印版是当地一些艺术家雕刻出来的，因为他们发现，用手画数千份画像需要太多时间了。

随着学识的增长，更重要的是缘于15世纪商业的复兴，一种新的需求出现了。它不仅要求文字复制的方法要更加快捷，而且价格也要低廉。这就是古腾伯格和其同事给予我们的东西——一种成倍增加书写字符的廉价方法。为了证明此事，请将目光放到第一份出自印刷机的发行物上。这是一份商业文件，一张延期付款的空白表格，一张像电话服务申请表那样的纸。这些需要成千上万份的东西，如果用手抄的话，会花掉一大笔钱。

印刷机不再限于它的初衷。它像墨水嘴，喷吐出信息、说明书和娱乐；它也像人嘴，容易说出格言和蠢话。

印刷机

它是不会被完全抛弃的发明物之一，然而，它也将失去许多服务项目。因为取而代之的是名副其实的人造嘴的发明，人们叫它收音机。

收音机对人类来说太陌生了，我们无法预言它能为我们做什么或对我们做什么。但是毋庸置疑，它恢复了人嘴之前的所有荣耀（像手与脚一样）。作为一个自由代理人，它可以随意讲话，但这与本书无关。重要的是，在其发明出来的四十个世纪之后，我们似乎又回到了起点。

起初，人们用声音将知识传递给他的邻居。

然后，他试图通过印刷的字符来传授知识。

现在，他再次开口说话。

然而，他从前只能向少数围坐在村庄篝火旁的部落人说话，现在他能对数百万人说话了——从理论上说，在同一时刻向这个星球上的每一位男人、女人和孩子们说话是可能的。

失败乃成功之母。

现在，随着越来越多的人通过"收听"获悉已经发生的重要事情，另一种嘴的增强形式——报纸很可能在将来的某一天完全消失。

但是在早期，报纸名副其实。一则则消息被印在一张纸上，然后被固定在商店的橱窗外，供人们自由阅读。人们也许还会买上一磅烟草，就当天的新闻和店主谈论一番。因为商品价格越来越依赖于不同地区的政治发展，某些企业的公报记者便主张让商业中心的通讯员每周收集两三次重要的信息，然后寄给他们的雇主。得益于一小盒活动铅字、一瓶油墨和一台印刷机，雇主们可以站在屋顶上大声地宣读新闻，并将印刷好的"报纸"寄给几千名更有购买力的社会成员。

现在，几千人已经发展到了几百万人。但是，当没有足够的事件可以写满六七十页的巨大版面时，剩下的报纸空间便被各式各样逗人乐的内容填充。在过去的文盲时期，许多人从公开绞刑或淹死女巫的事件中获得消遣。

本章已经太长了，但在结束它之前，我必须谈起另外一项发明，它与我们永久存储信息的渴望有关。

正如我以前告诉过你的，图片仅仅是借助线条和几块色彩所表达的故事。当我潜到海底，偶尔看到新的鱼种时，我可以发出某种声音来告诉其他人我的发现，这声音所代表的意思对经过长期训练的听众来说是明白无误的。我也可以将声音转变成小的黑白符号，整洁地写在一张纸上传达给他们，这些符号对所有学过它的人来说不难理解。当然，我还可以拿起铅笔或毛笔画一张身带针刺的怪物画，用这种方式让其他人知道这怪物给我留下了多深的印象。

报纸

人们甚至在发现信息可以被传播到耳朵和眼睛之前，就已经知道能够做到上面的事了。

事实上，大多数孩子（孩子在受教育之前，在一定意义上只是野人）在他们能用书写和阅读表达事情之前，都经历过几年这样的故事绘画阶段。所有人，在其年轻的岁月里，也都像在一个巨大的幼儿园里，其墙上画满了图画。

记录话语的方式

古代社会充分认识到了这些绘画信息的价值。然而，希腊人和罗马人只对有需要的人讲授阅读和书写艺术，希望他们能用一种智慧的方式使用知识。强迫一个一生都未收发过信件的农民，花费他五年的童年时光在一个闷热的教室里受教育，最后他也许能拼出自己的名字，可是，这实在是太难为那些精明讲实际的理性主义者了，他们还不如去给聋哑人解释乐曲原理呢。

同样，中世纪的人也认为，那些听不到嘴发出的声音的人，可以用绘画向他们转达需要知道的事情。但是，随着受教育人数的增加，人们对圣人生平和祖先英勇行为的故事的需求也日益增多。于是，人们开始用机械工具来加速神圣图像的翻制。正如我们前面所讲的，它促成了木板印刷的发明——两三千张画能在一块木板上被印刷出来的方法。

只要表述仍然限于虚构的事件，这种方法就会一直有效。当用于科学问题时，它就不太令人满意了。就像一位艺术家对传奇通天塔的刻画与另一位艺术家可以不同一样，没有人会对塔上的哪块木刻提出异议。但是，一只在瓶子里的水母或手臂上的肌肉则必须被描绘得极其相似，否则，对于水母类动物学和解剖学的学生来说，这幅画就没有任何用处。

结果催生了各式各样的试验，所有的努力都试图将有生命的和无生命的物体以一种永久的绘画形式保留下来，而这远比它们曾被用印刷或声音的描述要准确得多。

在很长的一段时间里，这些试验都没有取得成功。后来，在镜子、镜头以及暗房的帮助下，一个人暂时在玻璃上捕捉到了一片风景。但是"捕捉"与保持完全一样的风景之间毕竟存在着巨大的区别，只要光线消失，影像就会随之丢失。

照相机

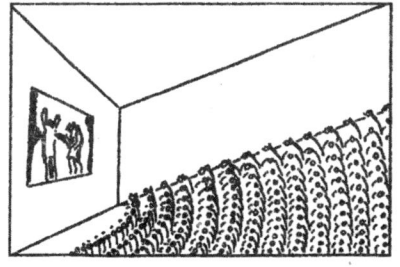
电影

庆幸的是，一个多世纪以前，幸运之神决定参与这场游戏，并且给我们这些缺少耐心的凡人指出一种克服困难的方式。两位长期研究各种化学试剂的法国人，路易斯·丹格雷和尼采福尔·尼伯斯（后者是一个全才，他差一点儿发明了发动机），发现其中一些试剂可以在玻璃底片上"捕捉"影像。但是照片被拍下来之后，却没有一种试剂可以"保存"它们。一次偶然的机会，丹格雷将几张早已曝光的敏感的底片放在了有水银的橱子里，让他惊奇的是，这些底片居然发生了前所未有的变化。这是一个了不起的化学侦破的开端，它以摄影艺术的发明——"用光来描绘事物的艺术"而获得成功。

从那一刻起，我们终于可以将精美绘制的图画加入故事当中，而不需要再完全依赖于不太可靠的口语和书面语的表白。

这种新的艺术是一个巨大的飞跃，受到了人们的广泛赞扬。这个刚从古代炼丹术的实验室里毕业并获得很高荣誉的化学工业，高尚地开始了它促进"光作家"的工作。

后来，其他人又发明了能捕捉静坐、赛跑、发射加农炮弹等镜头的机器。他们完善了运动图像照相机，直到它们能够在"画"中讲述图片。它比任何一种语言，无论口语还是印刷语言，都表述得更快更好。

经过无数次的试验，爱迪生发明了能录入和放出人声的机器，他最终给予了我们"留声机"或"声音作家"，让"讲故事"和"图画讲述"可以完美地结合在一起。用这种方法，任何人的语言和行动都能以永久的方式无限期地保存下来。当然，我们仍需要学习大量的东西。科学的纪元即将来临。

然而，如果我可以调和前后不一致的隐喻，人类的嘴可能就会满足于已有的成绩。

人类用这种聪明的方式增强了嘴的力量，用于传播信息和避免误传。今天的人类就是这样。

第六章
鼻子

本章篇幅很短。鼻子是嗅觉的源泉，而嗅觉似乎是无法扩大或强化的东西。本书付印之时，我也许能想出数十个和人类渴望增强鼻子功能有关的发明。但是此刻，无论如何我也想不起来了。我被自己居然忽视了这样一个非常有用的器官给弄糊涂了。或许，是因为有这样一个事实，即嗅觉是过去生物界的遗产之一，它比其他器官都较少地受到日益衰退的文明进程的损害。

我猜想，即便是今天，在我们和邻居的日常交往中，鼻子也是更忠实、更可靠的向导，尽管我们不愿意承认这一点。对于大多数人来说，鼻子有些不太文雅。它让人想起感冒，它让人痛苦地回想起人与低等动物的相似之处，这些低等动物终生明显地以"嗅"开道。普通人还会因为暗示他的鼻子与其公开的行为有关联而愤恨不已，然后像有人直白地提醒他是哺乳动物之后一样萎靡不振。我想还是随它去吧。从现在起千年之后，人类也许会变得更聪明，进而开始重视自己的嗅觉潜能。

今天，在展示人类多样成就的博物馆里，我们不会看到鼻子。可怜的大鼻子只能在博物馆外面抽泣，它是所有器官中的灰姑娘，干着上千种杂活儿，得到的却不过是被偶然带着香味的手帕轻轻地擦拭，以作为对它的一种肯定。

第七章
耳朵

从人工增值的角度说,耳朵发展得也不理想,但比起鼻子来要好一点儿,因为有相当多的发明都是为了无限地增强听力。其中大多数还是最近的事,包括人造耳朵,它能捕捉到飞机螺旋桨发出的噪声,比人耳所听到的超乎寻常的声音还要快得多。毋庸置疑,飞机的发展将迫使我们越来越关注远距离的"听"技术。但是,直到大约十二年前,我们都一直是在试图精听而不是泛听。不过,为数不多的与耳朵有关的发明都显示,二者其实有着共同的渊源和目的。

当然,可能有人会争辩,应当把电话和收音机也纳入本章,高音喇叭也是耳朵功能扩展的绝好例证。但是,确切地说,我认为以上这些工具都应当归到嘴的范畴。因为其主要的目的是为了远距离地"讲述"。因此,讲述的结果是——嘴的功能被极大地扩展,而作为听觉器官的耳朵仍像过去那样,被人们弃之不理。在有人能明确证明我弄错之前,我是不会把耳朵抛在一边的。我在这里要提到的是这样一些发明,它们是人类努力的必然结果,而且能使听力更加精确。

我们都知道,水是声音的一种优良导体。因此,增强耳朵功能的价值首先被海上的渔民所认识,这是非常自然的。北欧人知道,当有人在水下敲打木船船体时,那些在几英尺海水下的人,只需要将耳朵紧贴在自己的船体上,便可以听到远处传来的声音。即使是今天,在北大西洋的某些地方,当浓雾弥漫时,无法航行的船只也还会用敲打船帮的方法来维持彼此间的紧密联系。

古代水下信号

然而，这种方法对于大型的海洋蒸汽船来说过于原始，它们使用的是各种不同的电流装置来增强听力。这些装置取代了过去许多依赖于手或眼的工作，诸如测量水的深度、是否有暗礁或者船只是否接近陆地，等等。

在陆地上，我们当然不需要这样的工具，即便有，它们能否用于现代城市各种相互冲突的声音中，也是值得怀疑的。不过，在寂静的房间里，物理学家戴上加强听力的听诊器，便能扩大到许多他的手和眼睛以前所不能及的范围。顺着这一线索，我们或许可以进一步探寻到对增强听力有重大意义的一些发展途径。

也许也还有其他可以增强听力的工具，但我实在不知道它们是什么。

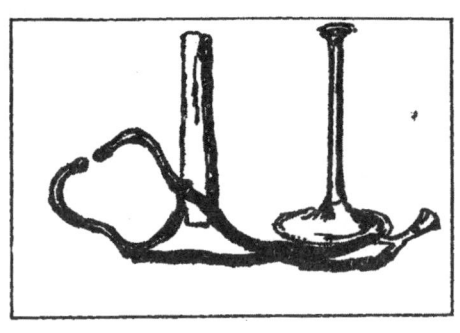

听诊器

我不希望人们在这里提及录音电话。不知道为什么，这种有用的高级侦探工具似乎不适合本书。我知道它的存在，并且电影告诉我，它对所有侦探的生活都起着重要的作用，它赋予他们一次次挫败阴谋和揭露伪造者的机会。但不管怎么说，它们似乎并不属于这本主要反映人类进步历史的书。

第八章
眼睛

我们生活在巨大的空气海洋的底部，它如此深厚以致没有人能到达其顶部。每天特定的时候，当广袤的空气海洋被太阳光穿透时，我们就说我们的肉眼看到了光。因为我们恰好属于具有视觉感官的生物种类，在我们脑袋的前面，有两只能"看"的、形状奇特的工具。这种"看"究竟是什么，我并不知道。此刻，我感兴趣的不外乎这样一个事实：在视网膜上，需要每秒3920亿个脉冲才能产生红光，紫光则需要双倍于它或者每秒7570亿个脉冲。

在这里，我不想讨论某些著名医生的断言：人眼是自然界众多粗陋装置中最笨拙的一种，几乎任何一流的光学仪器制造商都能为人类提供更加美好、更有用的东西。

这样一些小的科学闲话很有趣（如果是真的），但它们不属于本书的研究范畴，因此不会得到进一步的关注。

看哪，当我们最早的祖先用迷茫而疑惑的双眼凝望天空时，他们一定想知道眼前的一切究竟是什么。

当然，他清楚眼睛的用途。但是，他的眼睛把自己的视野局限在了一个相对狭小的范围之内。

他肯定已经认识到"观察和识别能力"就是源于脸两边的窟窿中的那两只圆球。借助于它们，他可以观察野兽的踪迹，找到充饥的食物。危险来临时，还能向同伴发出警告并将恐惧的信息传递出去。

至于观察力是什么，他可能不会有五十万年之后的我们知道得多。但他知道这一定与脑袋前的两只圆球有关，因为闭合眼睑，就会让所有的"看"暂时结束。而且，一旦他的脸和眼睛被老虎或熊抓破，他就无能为力，只能被迫死去，好让自己不成为累赘并危及部落里其他人的安全。

  洞穴人的火把   油灯   蜡烛

  还有一件事肯定也已经渗入到他们的意识当中：一旦太阳在远处的地平线上消失，他那位于嘴和鼻子上方的两个小圆球就会失去一切用途。

  其他一些动物即使在天黑的时候也能看得见，但人所属的猿类却没有这种优势。因此，当白天结束，人类被迫回到自己的巢穴或山洞中时，无论睡在什么地方，他们都得乖乖地等待第二天早上的第一缕晨曦。

  然而，当人们发现，不仅可以保留取自燃烧着的丛林中的火种，而且还能通过人工的办法取火时，夜晚便少了许多恐惧。由于火把可以代替日光，眼睛的能力便得到了加强。但是，火把并不是理想的照明工具，尽管它是一项极其重要的发明，但也仅仅是一个开端而已。之后，各种不同的易燃材料，一个接一个地被人们用于照明，但几乎一直没有取得什么实质性的进步。直到有人发现，只要将某些含纤维的物质放到一碗油或油脂中，火把就能持续燃烧，直到油或油脂消耗完毕。

  采用这种方法，希腊人的"灯"或"火把"才变成了现代生活中的灯。

  荷马笔下的英雄们享受的是火把闪烁的光亮。但是400年后，神庙被无数盏小油灯柔和的光照得通亮。一个世纪后，油灯成了每个设施齐全家庭中必不可少的一部分。地底深处，可怜的奴隶们被拴在矿井壁上，在铅和铁制成的便携式油灯那摇曳灯光的帮助下，开采着煤和铜。

  一千多年来，我们的照明工具就始终是冒着烟而有味的油灯。后来，油灯形状开始发生改变，蜡烛诞生了。这是一盏真正的灯，油脂代替了油，而灯芯依然沿用了原来的材料。

12世纪,人造"蜡烛"翻越了阿尔卑斯山。到13世纪中叶,人们开始广泛使用它。后来,人们将其作为黑暗中眼睛的唯一辅助物保留了下来。

这期间,人们做了很多试验以取代传统的油脂,唯一可用的只有蜂蜡。但是蜂蜡很贵,人们只在教堂和宫殿里见过这种蜡烛。

即便在那里,这种蜡烛也只能驱散几平方米的黑暗。等人们的条件改善后,越来越多的人希望可以在牲畜入圈几个小时后再睡觉。于是,他们开始寻找更好的方式与难挨的黑夜作战。

最后,当史前储藏的能量被开发出来,并足以让上百台机器运转起来时,问题迎刃而解,尽管形式有所不同。生活在2500年前的希腊哲学家就曾声称,存在着某些无形的不可见的物质。但是,他们对这些东西持有很大的怀疑。因此,只是把它们看作有百害而无一利的神秘力量,根本没有考虑过它们的实际价值。

对中世纪的炼金术士而言,灵魂、气味、精灵或随便他们喜欢的什么称呼,都成了一种名副其实的祈愿。他们制造出奇特的火焰,以便从冥顽的顾客手中骗取钱财。一位专门生产"挥发物"的老人更成功,他偶然发现的一种今天我们都熟知的二氧化碳气体,让他印象深刻。于是,他为这种物质起了一个新颖正规的名字,叫作"气",此名称从希腊词"混沌"派生而来。

尽管赫尔蒙特本人早已被人遗忘,但他为这种物质所起的名字却被流传下来。不过,今天我们所说的"气",通常是指从煤中提炼出来的用于照明的特殊气体。虽然煤气的易燃性早在17世纪就引起了人们的关注,但做出这项发明的人早已经超越了时代。充满气体的猪膀胱早就被用于戏法表演的照明,这种活动一直是农贸集市中杂耍的一部分。只是,普通人极其害怕这种危险的恶臭气,认为它应当是从地狱冥王的裂缝中泄露出来的。他们不敢把它放进屋里,因为害怕睡觉时会窒息而死。

到了法国大革命时期,气球出人意料地具有了非凡的军事效果。一位比利时的物理学家开始试着向大纸袋充煤气,而非热空气。因为他制造出的煤气远远超过了航空研究的需要,他还把多余的部分用在了自己公寓的照明。不过,人们对这种将黑夜变成白天的努力并不拥护。直到拿破仑战争以后，煤气才被普遍应用于家庭和公共通道的照明。即使那时，仍有数千人极力反对这一新生事物，他们还在基督教会当局找到了热忱的支持者。

这些高尚的牧师们提出了种种理由，以示他们对新照明方式的不满。他们把《圣经》当中《创世纪》一章作为了禁止的标准，因为该章解释了上帝是如何创造白天和黑夜的。他们的结论是，任何改进上帝的创造，让眼睛在日落之后仍能看见东西的做法，都是亵渎神灵和傲慢无礼的行为。

为了让点灯人离开街道，德国科隆城的统治者给出了最高明的借口：使用煤气不仅不符合礼仪常规，而且也缺乏爱国心。他认为，居住在煤气照明城市的居民将不会为节日的灯彩所感动，而节日的灯彩恰恰是一种弘扬爱国主义尊崇统治王朝的永久性的激励源泉。

电闸

这一切在今天听来多么荒唐，煤气作为日光的替代品已经被全世界接受。它君临天下，直到有人发明了一种将煤转换为电能的方式。从那时起，只要一个普通人合上几个开关，整个城市就会灯火通明。

至此，人的眼睛终于从黑暗的苦恼中解放了出来。但是，人们一旦突然获得了巨大的自由，就会开始随心所欲。他们滥用了这种新的自由，原来眼睛每天只使用七八个小时，现在却被迫要通宵达旦地阅读。可怜的眼睛忍受不了这种过度的疲劳，很快便露出了各种受折磨的迹象。此时，对于那些每天必须花费大量时间阅读或写作的人来说，增强眼力成为必要。幸好，"眼镜"或"玻璃片"的发明解决了这种困难。

人们通常认为罗杰·培根是眼镜的发明者，我们也不确定。他是13世纪少有的独立思想家之一，在1214年到1294年间，他几乎要为地球上的每一件新生事物受责难。总之，在很长一段时间内，眼镜几乎没有什么实际用处，它们被当成了奢侈品，而非必需品。因此，它只是有视力障碍的人的一种辅助工具，即使被数千人使用，更多的是因为我们每个人都略有些虚荣心。在95%的人尚不会读书写字的时候，用眼镜架在鼻子上着实是一种时髦。他们向穷得买不起眼镜的可怜的家伙们炫耀："瞧！我花了大量的时间学习，所以我的视力受到了损伤。"

眼镜

这种普遍的谄上欺下的行为引起了人们对眼镜普遍的偏见，而且一直延续到了今天。用磨光的水晶玻璃制成的眼睛替代品，被取笑为装模作样的玩意儿，难以与真正的人相配。也正如海因里希·海涅访问魏玛的神谕宣示所时那样，人们告诉他，只有先摘掉眼镜才能出现在伟大而光荣的歌德面前。

现在我要谈一谈更严肃的事情。我们还没有提到人类为了增强视力而做出的重要努力，正是这一努力，可以帮助人类探索自然界中最隐蔽也最难以接近的秘密。

电为人类设计出一种叫作探照灯的远程眼提供了机会。这种探照灯无论在白天还是黑夜都能探测海面和天空。但探照灯似乎和战争有更多的联系，在和平时期则没有特别的用途。此外，还有两种用途更大的增强眼。

地球的上方是天空。人类就像生活在一个小星球上的谦卑囚徒，总是对住所周围的物体充满好奇。

但是起初,他们也只能用眼睛研究星辰。天文学家的研究成果表明,巴比伦人、埃及人以及希腊人似乎既有极好的视力,又有高度发达的观察力。他们的所见都十分真切,但其视野毕竟是有限的。他们完全依靠肉眼,没有任何增强视力的人造装置可以提供帮助。今天,这些人造装置可以任由我们支配。

博学的罗杰·培根不仅发明了眼镜,还为我们描述了制造"望远者"或"望远镜"的方法。他是否制作过自娱的工具,这并不重要。他是个大忙人,而且多年来,他无法动笔写作,因此生活拮据,不可能进行昂贵的光学实验。

所以,直到他死后的四百年,人们才制造出了望远镜。那时,剧烈的变革运动已经有所减弱,人们沉浸在科学思索当中。与此同时,船只开始航行,并试图穿过每一座岛屿及四大洋的每一个海湾。因此,水手们迫切需要一种望远的仪器。由此可见,低地国家(荷兰、比利时和卢森堡的总称)发明望远镜便不足为奇了。在那里,航海术被提高到了精湛的地步。

望远镜

天文台

看不见的微生物

此后,望远镜从荷兰出口到了欧洲的每一个国家。其中有一架落到了伽利略的手中。他使用望远镜的目的证明了方济各教会会长颁布的教令不无道理。而此时,罗杰·培根已被禁止继续在应用物理学领域从事危险的研究。伽利略用自制的望远装置(与现代望远镜相比很幼稚)将视野扩大到了数千英里之广的苍穹,结果,所有关于地球及其姐妹星球,甚至是火红的太阳的重要观念都被完全推翻,整个宇宙观彻底改变了。

然而,大部分人并没有修正他们早已形成的观念,反而认为伽利略和其他天文学家们一样是危险的激进分子和背信弃义的家伙,声称应该阻止他们传授给下一代那些令人憎恶的谬论。

同往常一样，人们非凡的好奇心最终赢得了胜利。人们继续扩大视野，直到今天在巨型望远镜的帮助下，终于有了模糊的想法：不是他在哪儿，而是他要往哪儿去。

当一些人习惯了泛泛观察事物的时候，另外一些人则在努力寻求一种细微的观察方式。当一个存在于我们观察范围之外、离我们太远而无法被肉眼察觉的世界突然变得清晰起来时，就开始有人怀疑，或许还有一个由生物构成的无穷小的世界，如果不借助增强的视觉能力的帮助，人们就不可能发现它。

于是，希腊人率先在大方向上产生了怀疑。除非有合适的透镜，不然那些疑点就不能被评价为客观知识。

因此，为了扩展人的眼力，古代人所能做的最大努力就是透过一个装满水的球去观察物体。但是，这实在是太微不足道了。

直到透镜被发明出来，人们才步入正确的轨道。四百年的时间就这样在无数个实验中逝去了。17世纪上半叶，有个名叫范·列文虎克的荷兰人，把几个透镜组合在了一起。这种方法终于能够帮助人们观察到微小的有机体——人们在数千年前就曾预言过它的存在。

这种新仪器被贴切地称为显微镜或"小观看者"。最早的显微镜非常原始，人们很快就对其进行了改进。直到半个世纪前，我们终于发现了一些人类最痛恨的敌人——细菌，但这还不是全部。即使采用最高倍的显微镜，几个恶毒的细菌族最终还是从我们的凝视中逃脱了。

总之，借助伦琴教授非凡的发明，我们学会了看"穿"这个世界上的每一个人。此外，几乎任何事情都是可能的，而且大多数问题都可以通过两个简单的词得到解决，即"勇气"和"毅力"。

此刻，这就是全部。

我的画面已经接近尾声，正如爱丽丝所说："没有画面的书又有什么用呢？"

如果我还有时间，如果印刷费不太昂贵的话，我会多增加一些人类器官延伸的例子。不过那样的话，这本书也许就是3000页，而不是不到300页。我只涉猎了几个重要的部分，细节尚未提到。

到现在，如果读者有耐心读完本书的话，他可能会自言自语地说："这个无知的家伙怎么会忘掉这件事？为什么他忽略了那一部分？当他谈论道路时，为什么没有提到楼梯是人脚的延伸？难道说手钻不是手的力量的一种延伸吗？盔甲做皮肤的外层如何？警犬作为鼻子的替代品怎么样？

这些都是对的。书中原本还可以提到数百个其他话题，但我并不想让本书成为一部冒充的"发明史"，也不想让其成为一部关于人类智慧先驱不幸生活的论文集。

相反，它不过是一本启迪人类智慧的书。

本书的目的，只是给予普通读者一个新的观点，然后为他提供一个简短可行的提纲，让他今后能够独立进行分类，从有益的分类活动中获得乐趣（也许是教诲），并且能对一切现有的发明做进一步的分类。

放大镜

显微镜

但是，我还试图做一些其他尝试。

正如我在前言中所说，本书确实是诚挚的表白。锤子、锯子、气球和望远镜仅仅是讲述几件事情的一种凭借，在这个悲观主义蔓延和精神沮丧的时代，人们极易忽视它们。

本书根本的曲调是希望和乐观主义哲学。

这种哲学向我们昭示，人不是命运的牺牲品，事实上，他是一种可以无限开发大脑智力的生灵。作为一种理性存在物，他还处在其事业的起始阶段，但是，他很快就会发现一条帮助自己逐渐从痛苦折磨的生存状态中解脱出来的希望之路。

我知道有人会反对我的观点，并且认为必须通过精神才能最终拯救灵魂。对极了！但是当肉体为了生存而被迫去挖土豆时，精神只能在一段可怜的时光里徘徊。

迄今为止，人类把太多的时间浪费在挖土豆上了。

我想让他们停止挖掘，好让他们有更多的时间去发展更高级的官能。

人类将用更高级的官能做什么呢？属于石器时代晚期的我们并不能对此预言。不过，过去的事实依然鼓舞着我们，让人们相信，人类一旦将自己从越来越多的苦役中解放出来，就会做得越来越好。这种苦役只能让他面临退化的危险，最终与蜜蜂和蚂蚁为伍。

从各方面看，此时并非幸运的时刻。我们既非奴隶也非主人。我们因为增强了手、脚、眼、耳的功能而获得了自由，但很快也发现，我们被自己创造出来能为人类服务的无机物操纵了。

然而，这并不意味着我们应该停止尝试增强我们的官能。

它恰恰表明我们的官能还没有得到最充分的增强。

这个使命等待着我们去完成。